U0514278

二战经典战役系列丛书

鹰袭不列颠

白隼 编著

北方联合出版传媒(集团)股份有限公司
万卷出版公司

ⓒ 白隼 2018

图书在版编目（CIP）数据

鹰袭不列颠 / 白隼编著. — 沈阳：万卷出版公司，
2018.8

（二战经典战役系列丛书）

ISBN 978-7-5470-4950-1

Ⅰ．①鹰… Ⅱ．①白… Ⅲ．①第二次世界大战战役 –
空战 – 史料 – 英国 Ⅳ.①E195.2

中国版本图书馆CIP数据核字（2018）第118805号

出 品 人：刘一秀
出版发行：北方联合出版传媒（集团）股份有限公司
　　　　　万卷出版公司
　　　　　（地址：沈阳市和平区十一纬路25号　邮编：110003）
印 刷 者：辽宁新华印务有限公司
经 销 者：全国新华书店
幅面尺寸：170mm×240mm
字　　数：200千字
印　　张：14
出版时间：2018年8月第1版
印刷时间：2018年8月第1次印刷
丛书策划：陈亚明　李文天
责任编辑：赵新楠
特约编辑：吴海兵
责任校对：张希茹
装帧设计：亓子奇
ISBN 978-7-5470-4950-1
定　　价：49.80元
联系电话：024-23284090
传　　真：024-23284448

常年法律顾问：李 福　版权所有　侵权必究　举报电话：024-23284090
如有印装质量问题，请与印刷厂联系。联系电话：024-31255233

前　言

　　1931 年 9 月 18 日，日本关东军在沈阳制造了九一八事变，日本帝国主义的魔爪开始伸向有着五千年文明的中华大地，中国最屈辱的历史从此开始。1939 年 9 月 1 日，希特勒独裁下的德国军队闪击波兰，欧洲大地不再太平，欧洲人的血泪史从此开始书写。一年后，德国、意大利、日本三个武装到牙齿的独裁国家结盟，"轴心国"三个字由此成为恐怖、邪恶、嗜血的代名词。

　　德、意、日三国结盟将侵略战争推向极致。这场战争不仅旷日持久，而且影响深远。人类自有战争以来从未有过如此大规模、大杀伤力、大破坏力的合伙野蛮入侵。"轴心国"的疯狂侵略令全世界震惊。

　　面对强悍到无以复加的德国战车，面对日本军队疯狂的武士道自杀式攻击，被侵略民族不但没有胆怯，反而挺身而出，为了民族独立，为了世界和平，他们用一腔热血抒写不屈的抵抗，用超人的智慧和钢铁意志毫不犹豫地击碎法西斯野兽的头颅。

战役是孕育名将的土壤，而名将则让这块土壤更加肥沃。这场规模空前的世界大战，在给全世界人民带来无尽灾难的同时，也造就了军事史上几十个伟大的经典战役，而这些经典战役又孕育出永载史册的伟大军事家。如果把战役比作耀眼华贵的桂冠，那么战役中涌现出的名将则是桂冠上夺目的明珠。桂冠因明珠而生辉，明珠因桂冠而增色。

　　鉴于此，我们编辑出版了这套《二战经典战役系列丛书》。其实，编辑出版这套丛书是我们早已有之的宏愿，从选题论证、搜集资料、确定方向到编撰成稿，历经六个春秋。最终确定下来的这20个战役可谓经典中的经典，如历史上规模最大的海战莱特湾大战，历史上规模最大的航母绝杀，历史上规模最大、最惨烈的库尔斯克坦克绞杀战……我们经过精心比对遴选出的这些战役，个个都特色鲜明，要么让人热血沸腾，要么让人拍案叫绝，要么让人扼腕叹息，抑或兼而有之。这些战役资料的整理花费了我们相当多的时间和精力，兴奋、激动、彷徨、纠结，一言难尽。个中滋味，唯有当事人晓得。

　　20个战役确定下来后就是内容结构的搭建问题。我们反复比对已出版的类似书籍，经过研究论证，最终形成了自己的特色。历史拐点（时间点）往往是爆发点，决定历史的走向，而在这个历史拐点上，世界上其他地方正在发生什么？相信很多人对此都会比较感兴趣。因此，我们摒弃了传统的单纯纪事本末叙述方式，采用以时间轴为主兼顾本末纪事的新颖体例。具体来说，就是在按时间叙事的同时，穿插同一时间点上其他战场在发生什么，尤其是适当地插入中国战场的情况，扩大了读者的视野。

　　本套丛书共20册，每册一个战役，图文并茂，具有叙事的准确性与故事的可读性，并以对话凸显人物性格和战争的激烈与残酷。每册包含几十幅精美图片，并配有极具个性的图说，以图点文，以文释图，图文相得益彰。另外，本套丛书还加入了大量的原始资料（文件、命令、讲话），并使其自然融入相关内容。这样，在可读性的基础上，这套丛书又具备了一定的史料价值，历史真实感呼之欲出，让读者朋友不由自主地产生一种穿越的幻觉。

本套丛书的宗旨是让读者朋友在轻松阅读的同时，对第二次世界大战有一个整体的认知，力求用相关人物的命令、信件、讲话帮助读者触摸真实的历史、真实的战场，真切感受浓浓的硝烟、扑鼻的血腥和二战灵魂人物举手投足间摄人心魄的魅力。

品读战役，也是在品读英雄、品读人生，更是在品读历史。战役有血雨腥风，但也呼唤人道。真正的名将是为阻止战争而战的，他们虽手持利剑，心中呼唤的却是和平。相信读者朋友在读过本套丛书后，能够对战争和名将有一个不一样的认识。

最后，谨以此书献给那些为和平、为幸福奋斗不息的人们！

目　录

第一章　决不妥协

　　丘吉尔说，当英军的力量缩减到一个军的时候，我们应当告诉英国远征军总司令戈特勋爵上船回国，留下一个军长负责。英国军队应该坚守阵地，能守多久就守多久，以便法国军队得以继续撤退。为此，丘吉尔亲笔给戈特下了一道命令。

◎ 丘吉尔要力挽狂澜

1940 年春末夏初，德军进攻西线的枪炮声穿过波涛汹涌的英吉利海峡，震动了英国首相府官邸，一心推行绥靖政策的张伯伦目瞪口呆。英国上下一片哗然，矛头一齐对准首相张伯伦。怒不可遏的英国人群起攻之，要张伯伦辞职，滚蛋。

前首相劳合·乔治在英国下院发表演说，对张伯伦进行了冷酷无情的抨击。他说："我并不认为海军大臣（指丘吉尔）对于挪威发生的一切应负全部的责任。"

丘吉尔立即插话申明："我对海军部所做的一切应负完全的责任，我也愿意接受我应该负的全部责任。"

劳合·乔治警告丘吉尔不要为了掩护自己的同僚，使其避免被流弹击中而把自己变成一个防空洞。然后，他把目标转向张伯伦："现在不是谁是首相朋友的问题。当前的问题要大得多。首相曾经吁请大家作出牺牲。全国都准备作出各种牺牲，但有一个条件，那就是国家必须有领导的人物，政府必须明确表示它要达到的目标，而全国必须能够相信领导他们的人正在尽他的最大的努力。"

英国首相张伯伦

劳合·乔治最后说："我庄严地声明，首相应该以身作则，首先作出牺牲，因为在这次战争中没有比首相牺牲自己的职位，更能对胜利做出贡献了。"

这时，赫伯特·莫里森以反对党的名义，宣布他们要求议会举行信任投票。张伯伦表示愿意接受挑战，并在发言中向他的朋友呼吁，要求给予支持。张伯伦有权利提出这种呼吁，因为他的这些朋友过去对于他采取行动或不采取行动都曾给予了支持。

就在希特勒下令进攻西欧的前一天，即 1940 年 5 月 8 日，张伯伦内阁仍然以 81 票的微弱多数获得了英国议会的信任案，但他觉得已经无法继续执政，于是决定组建联合政府，并让出首相的位置。张伯伦希望由外交大臣、绥靖政策的积极贯彻者哈利法克斯勋爵接任首相，但遭到了强硬派、海军大臣丘吉尔的坚决反对。张伯伦心里非常清楚，一旦丘吉尔离开，内阁就要垮台。另外，工党也向张伯伦明确表明，他们将不会再支持由张伯伦或其亲信所领导的内阁。无奈之下，张伯伦只得向国王提交辞呈，并建议由丘吉尔出任首相。

5 月 10 日清晨，希特勒对西欧发动了蓄谋已久的突袭。荷兰和比利时同时遭到侵犯，两国边界的多次地点很快被突破。德国军队入侵北欧低地国家和法国的整个行动正式开始了。

下午 6 时，英国国王乔治六世紧急召见丘吉尔，令其组阁。一小时后，丘吉尔会见了工党领袖艾德礼，邀请工党加入内阁。丘吉尔对艾德礼说，他已奉命组建新政府，并问工党是否愿意参加。艾德礼说他们愿意参加。于是，丘吉尔提议他们在内阁中占三分之一以上的席位，在 5 人或者 6 人组成的战时内阁中应占 2 个席位。丘吉尔请艾德礼给他一张名单，以便讨论具体职务的安排。丘吉尔还提到了贝文先生、亚历山大先生、莫里森先生等人，希望他们出任内阁的高级职务。

艾德礼离开后，丘吉尔给张伯伦打了个电话，邀请他以枢密院大臣的身份领导下院。张伯伦表示接受，并告诉丘吉尔他已经做好安排，决定在当晚 9 时向全国发表广播，宣布他已经辞职，同时，呼吁全国拥护和支持他的继任者。另外，丘吉尔还邀请哈利法克斯勋爵参加他的战时内阁，并连任外交大臣。

当晚 11 点钟，丘吉尔把新内阁 5 人名单呈交国王乔治六世。其中，陆海空军三部大臣的任命是最重要的事。关于这三部大臣的人选，丘吉尔心中早已有数：艾登先生主管陆军部；亚历山大先生主管海军部；自由党领袖阿奇博尔德·辛克莱爵士主管空军部；自己兼任国防大臣的职位。丘吉尔新内阁5人名单很快便获得国王的同意。

5月11日清晨，英国新任首相丘吉尔写信给前任首相张伯伦，"一个月内谁也不变动住处"。这就在战争的紧要关头避免了一些小小的麻烦。丘吉尔继续住在海军部大楼里，并且把地图室和楼下的几个好房间当作他的临时总部。他向张伯伦通报了同艾德礼的谈话和组织新政府的进展情况。

丘吉尔在信中说："我希望今天晚上为国王把战时内阁和作战机构组织完备。战争促使我们不得不抓紧时间……由于我们两人必须如此密切地一起工作，我希望你再次迁入我们都很熟悉的你在11号的旧居（笔者注：唐宁街的一幢房子，通常由财政大臣居住），并且希望你不要因此感到有什么不方便。我并不认为今天有什么必要举行一次内阁会议，因为陆军和其他部队在按照预定计划进行战斗，但我仍希望你和爱德华（哈利法克斯）在晚间0时30分到海军部作战室来，以便我们一起察看地图，进行商谈。"

5月13日，丘吉尔在英国议会下院发表了著名的就职演说。他以鼓舞人心的言辞，向英国民众传达了坚决抗击法西斯德国、捍卫大英帝国荣誉的决心。演说全文如下：

就在礼拜五的晚上，我正式接受了英王陛下的委托，负责组成新一届政府内阁。我的这次组阁，包括所有政党，不但有支持上一届政府的政党，还有上一届政府的反对党。很明显，这是上下两院和国家的希望与意愿，我已经完成了其中最重要的部分。

　　战时内阁已经宣告成立，由5位阁员组成，包括反对党的自由主义者。本届政府代表了举国一致的团结。三党领袖同意加入战时内阁，或者担任国家高级行政职务。三军指挥机构已经得到补充。因目前形势的极端紧迫感和严重性，用一天时间完成这项任务是很有必要的。其他许多重要职位已在昨天任命。我将在今天晚上向英王陛下呈递补充名单，并希望明天一天完成政府主要大臣的任命。至于其他一些大臣的任命，通常需要更多一点的时间，不过我相信再次开会时，我的这项任务能够完成，而且本届政府将是完整无缺的。

丘吉尔发表就职演说

我个人认为，向下院建议在今天开会符合公众利益。议长先生也同意这个建议，根据下院决议所授予他的权力，采取了必要的措施。议程结束时，建议下院休会到 5 月 21 日，也就是礼拜二。当然，一旦需要，可以提前复会。下次会议讨论的主要议题将以最快的时间告知全体议员。我现在请求下院，以我的名义提出的决议案，批准已采取的各项措施，将其记录在案，并宣布对新政府的信任。

　　组建一届如此规模的内阁，是一项严肃而艰巨的任务。大家千万不要忘记，我们正处在历史上最伟大的战争的初期阶段，我们的军队在挪威和荷兰的许多地区浴血奋战。我们一定要在地中海地区做好准备。空战仍然在进行，繁忙的战备工作一定要在国内提前完成。

　　在这个生死存亡的紧要关头，假如我今天没有在下院发表演说，我希望能得到诸位议员的宽恕。因这次内阁改组而受到影响的朋友和同事或者前同事，对礼节上的不周之处，我希望你们能够充分谅解。我深知，这种礼节上的不周是在所难免的，正如我对参加本届内阁的成员所说的那样，我仍然要在这里说："我没什么可以奉献，有的只是热血、勤劳、眼泪和汗水。"

　　我们将面临极为严峻的从未有过的考验。从现在开始，等待我们的将是无数漫长的斗争及艰难困苦的岁月。

　　大家问我：我们的政策是什么？我说，用我们的一切，用上帝赐予我们的全部力量，在海上、陆地和空中进行战斗，同一个历史上所从未有过的疯狂残酷的暴政进行战斗。这就是我们的政策。

　　大家要问：我们的目标是什么？我只用一个词来回答，那就是"胜利"，不惜一切代价，去争取胜利。不管多么恐怖，我们也要去争取胜利；不管道路多么漫长，多么艰险，我们也要去争取胜利。因为只有胜利，才能生存。我们一定要认识：没有胜利，大英帝国就消失，就没有大英帝国所代表的一切，当然也就没有促使人类朝着目标奋勇前进这一世代相传的强烈欲望和动力。

当我重任在肩的那一刻，我的心情是愉快的，满怀信心的。我坚信，谁也不会听任我们的事业遭受失败。

这个时候，我觉得我有权利要求得到大家的支持。我想说的是："来吧，我们勠力同心，携手前行！"

丘吉尔的就职演说让英国人第一次领略到他身为战时领袖所具备的那种坚定无畏的品格。在英国悠久的历史中，没有任何一位首相像他这样简明扼要地陈述自己的施政纲领。这个口不离烟斗、貌不惊人的矮胖老头，使整个英国为之一振。

此时，希特勒的铁甲雄师如同一道闪电，穿越色当，强渡马斯河，在广袤的无人防守的法兰西北部平原横冲直撞。法国人苦心经营的马奇诺防线在德军的铁甲战车面前形同虚设，没有发挥出法国人所想象的那种中流砥柱的作用。

◎ 事情怎么会这样

1940 年 5 月 14 日 19 时，丘吉尔在内阁会议上宣读了法国总理雷诺发来的一封电报。雷诺在电报中说，德军已经突破色当，法军抵抗不住德军坦克和俯冲轰炸机的联合进攻，要求英国增援 10 个战斗机中队，以便重整战线。英国参谋长委员会接到的其他电报所谈情况大致相同。雷诺在电报中还谈到法军总司令甘末林认为局势严重，没料到德军如此神速。

事实上，德军克莱斯特的第一装甲集团军群以其大量的轻重装甲部队已经在与法军直接接触的战线上击溃或者歼灭了法国军队，并以人们难以想象的速度向前突进。德军攻势之猛、火力之强，法军根本无法抵抗。另外，德军第一装甲集团军群还有 2 个装甲师在迪南地区渡过默兹河。在迪南以北法国第一集团军战线上的战斗最为激烈。英军第一军和第二军还固守在从瓦弗到卢万的阵地。在这里，英军第三师在蒙哥马利将军的指挥下，进行了激烈的战斗。再往北，比利时军队正在向安特卫普防线撤退。法军第七集团军在靠海的一边正在后撤，后撤的速度比他们早先前进的速度还要快。

蒙哥马利将军

从德军发动进攻的那一刻起，英国就开始执行"皇家海军"作战计划，将漂浮水雷投入莱茵河，在战争的头一个星期就"流放"了将近1700枚。这些水雷立即收到效果。在卡尔斯鲁厄到美因茨之间几乎所有的河上交通中断了，卡尔斯鲁厄的堤堰和许多浮桥受到重大破坏。

英国皇家空军中队连续作战，他们的主要任务是攻击色当地区的浮桥。在英国空军英勇果敢地攻击下，一些浮桥被摧毁，还有一些受到重创。英国空军在低空轰炸浮桥时，由于德军高射炮炮击造成了惨重的损失。有一次，6架英军战机在完成任务后只有1架飞回来。这一天，英国空军一共损失了67架战机，因主要是同德军的防空部队作战，所以仅打落德军战机53架。

到当天夜间，英国皇家空军驻法 474 架飞机，可以用来作战的就只剩下 206 架了。

5 月 15 日凌晨，英国首相丘吉尔忽然接到法国总理雷诺打来的电话。雷诺神情沮丧地在电话中说："我们完蛋了，我们输定了！"

听了法国总理的话，丘吉尔惊诧得说不出话来。片刻后，他急忙问："事情怎么会这样呢？"

雷诺绝望地说："色当被突破了，德军坦克和装甲车横冲直闯撞，如入无人之境。"

丘吉尔大惊失色："不会的，伟大的法兰西军队不会就这样倒下去的！"

同一天，丘吉尔致电罗斯福，向美国寻求帮助。

总统先生：

如今我尽管职务有所变化，但我相信你不愿意看到我中断我们之间密切的私人通信。就像你预料之中的那样，形势急速恶化。敌人在空中占有绝对优势，他们的先进技术给法国人的心中留下了难以磨灭的印象。我个人认为，地面战争刚刚开始，我希望所有群众参加到战争中来。截至目前，希特勒仍然在用特种装甲部队和空军作战。不堪一击的欧洲小国就像火柴杆一样，轻轻松松就被击败了。尽管还不肯定，但是我们一定要预料到墨索里尼也将火急火燎地插手参加劫掠文明国家。我们预测，不久的将来，我们会遭到空中袭击及伞兵和空运部队的袭击。对此，我们已经做好准备。如果有必要的话，我们将继续单独作战，我们从来不怕单独作战。

可是，总统先生，我相信你比谁都清楚，美国社会的呼声和力量如果压抑太久，再起什么作用的可能性就不大了。到了那个时候，你看到的将是一个完全被征服的法西斯化的欧洲，这个压力我们是很难承受得了的。鉴于此，我向你请求：你宣布非交战状态，也就是说，除了派遣武装部队直接参战外，希望贵国尽一切力量帮助我们。

目前，我最需要的是：

1. 需借用四五十艘旧驱逐舰。由于我们现有舰艇力量不够强大，而自战争开始时即着手建造的大批新舰艇还不能列装，所以需要借用贵国服役多年的旧驱逐舰。明年我们就有足够的舰只了，但是在此期间，如果意大利动用100艘潜艇进攻我们，我们将难以阻挡，甚至全线崩溃。

2. 需数百架新型飞机。这些飞机，你们正陆续得到交货。我们可以用正在贵国为我们制造的飞机来偿还。

3. 防空设备和弹药。如果能支持下去的话，我们的防空设备和弹药到明年就会都很充足。

4. 需钢铁等战略物资。由于瑞典、北非还有西班牙北部是我们矿石的主要来源地，所以我们就必须在贵国购买钢材，其他原料也是如此。我们只要还能支付美元，就一定会用美元购买。不过，我深信：就算我们没有足够的美元，你照样会给我们提供最需要的战略物资的。

5. 贵国舰队访问爱尔兰。我们收到不少情报，说德国空降部队或空运部队很有可能入侵爱尔兰。如果贵国能派出一支分遣舰队访问爱尔兰的港口，毫无疑问将起到巨大的威慑作用。

6. 希望贵国能够制止日本人，使其不要在太平洋上有所行动。贵国觉得怎样利用新加坡能达到上述目的，就尽管利用好了。我们现有的详细材料，将另行送上。

致以良好的祝愿和敬意

前海军人员　温斯顿·丘吉尔

　　5月16日，丘吉尔代表英国战时内阁给墨索里尼写了一封呼吁信，表达了英国人决不屈服的信心。

墨索里尼

　　我已经出任首相并兼国防大臣，回想与你在罗马的会晤，我很愿意跨过这道貌似在不断扩大的鸿沟，向你表达我的友好之意。现在阻止不列颠和意大利两国人民之间出现血流成河的局面，可否为时过晚呢？两国之间的矛盾，无疑会导致冲突，会使地中海浓云密布，最终导致两败俱伤。倘若阁下一定要这么做，结果必然如此。我在此庄重声明，我们从来不是伟大的意大利的敌人，也从来没有和意大利立法者作对。

欧洲目前爆发的激战，结果如何谁也无法预料。然而，有一点我十分确信，那就是不论欧洲大陆发生什么事情，我们政府和我们人民都将跟过去一样坚持到底，就算独自作战，也要坚持到底！我确信，我们有几分赢的把握，并且相信我们将获得美国甚至美洲所有国家越来越多的援助。

请相信，我之所以发出如此庄重的声明，并不是由于我们势力不济或者内心害怕，相信这一点将来会载入史册的。凌驾于若干世纪以来所有其他要求之上的，是这样一种呼声：拉丁文明和基督文明的共同继承者千万不要卷入你死我活的斗争旋涡。在可怕的信号发出之前，我以一切荣誉和尊敬恳求你，千万不要发出这样的信号。

下午3时，丘吉尔乘坐"红鹤号"专机飞往巴黎。帝国副总参谋长迪尔将军和内阁秘书处军事负责人伊斯梅将军陪同前往，一小时多一点便抵达巴黎的布尔歇机场。

◎ 艰难的决定

　　丘吉尔一行走下飞机后，看到局势比他们想象的要坏得多。英国驻法外交官员告诉伊斯梅将军说，预计用不了几天德军就能进入巴黎。丘吉尔先在英国驻法大使馆听取了关于局势的报告。

　　下午 5 时 30 分，丘吉尔一行乘车到达法国外交部。随后，丘吉尔被请进一间精致的房间。法国总理雷诺、国防部长兼陆军部长达拉第和法军总司令甘末林在房间恭候多时。

　　甘末林简单地说了一下目前的形势。在色当以北和色当以南八九十公里的一条战线上，德军突破了盟军的防线。迎战的法军要么被消灭要么被击溃，德军大批装甲部队正以前所未有的速度奔向亚眠和阿拉斯，其目的很明显，打算在阿布维尔及附近一带推进到海边的敦刻尔克，或者是巴黎。在德军装甲部队后面有 8~10 个摩托化师正在分左右两翼向前推进。

　　甘末林大约说了 5 分钟，其间没有一个人插话。在他说完后，沉默了相当长的一段时间。最后，还是丘吉尔打破了沉默，他问："战略预备队在什么位置？"没有人回答。丘吉尔接着用法语问了一句："机动部队在什么位置？"

甘末林朝丘吉尔摇摇头，耸了一下肩膀，说："一个也没有。"接着又是一段长时间的沉默。窗外，外交部的花园里，冒着滚滚的黑烟，隔着窗户可以看到一些官员用小车推着档案向火堆走去。显然，法国人已经准备撤出巴黎了。眼前的景象，加上甘末林的话，让丘吉尔吃惊得一句话都说不出来。有两点是他从来不曾想到的：第一，德军所向披靡的装甲部队到处袭击法国的交通线和乡村地区；第二，竟然没有一支战略预备队。

一个800公里长的防御战线竟然没有配备一支战略预备队，谁能担保如此辽阔的战线不被敌军突破？作为英法盟军总司令的甘末林将军还真是这么做了。稍有一些军事常识的人都知道，当敌军以强大的兵力发起进攻并企图突破阵线时，指挥官应配备大量的预备队。这样，在德军第一波猛攻过后，才能迅速冲上去，发动猛烈反击。

这一次，甘末林打破了沉默，他说，正在集结兵力向突破口或"突出部"的侧翼展开反攻，有八九个师正在从战线比较平静的地区——马奇诺防线撤下来，有2个或3个装甲师尚未投入战斗，还有8个或9个师正从非洲调来，两三星期后就可以抵达作战地区，吉罗将军奉命担任缺口以北的法军司令。德军若要前进就必须通过两条战线之间的走廊地带，在这两条战线上法军可以按照1917年和1918年的作战方式部署战斗。

丘吉尔问甘末林打算在什么时候和什么地方向"突出部"侧翼发起攻击，甘末林的回答仍然是令人沮丧的，他说盟军"数量上占劣势，装备上占劣势，方法上占劣势"，然后又耸了耸肩膀，表示毫无希望。听了甘末林的话，丘吉尔无话可说。相对于法军而言，英军的贡献微小——开战 8 个月了，才派出 10 个师，而且参加战斗的连一个现代化的坦克师也没有。

甘末林一再强调法国的空军处于劣势，迫切需要更多的英国皇家空军中队的轰炸机和战斗机的支援。甘末林在提出请求的同时，还说，不但需要用战斗机来掩护法国陆军，也需要用战斗机来阻止德军的坦克。丘吉尔说："阻止坦克是炮兵的事，而战斗机的任务是扫清战场上空。"英国皇家空军战斗机队无论如何也不能离开不列颠，这是非常重要的。英国人想要继续生存，就得在岛屿上空保持一定数量的战斗机。不过，现在需要把它缩减到英国人可以承受的最低限度。

在丘吉尔动身来法国的当天上午，内阁授权他再调 4 个战斗机中队到法国。当他们回到大使馆商谈后，丘吉尔给伦敦发回一封紧急电报，并派人打电话要求英国内阁立即召开会议商谈支援法国的事宜。电报内容实录如下：

1940 年 5 月 16 日 21 时

如果内阁能即刻开会商讨如下事项，我将感到非常欣慰。当前局势极其严峻。疯狂的德军突破色当后，发现法军兵力部署的漏洞，许多部队部署在北方，少数部队部署在阿尔萨斯。如此分散的兵力少说也需要 4 天才能调集 20 个师来防守巴黎和进攻"突出部"两翼。这个"突出部"目前宽达 50 公里。

（德军）3 个装甲师同 2 个或 3 个步兵师已经冲过缺口，另有大批部队在其后面兼程前行。这样就产生了两个严重的问题。第一，英国远征军大部将得不到掩护，难以退出战斗，撤至旧防线。第二，在法军能够充分集结军队进行抵抗前，德军的进攻将法军的战斗力消耗殆尽。

雷诺先生虽然已经下令不惜一切代价捍卫巴黎，但是我们看到法国外交部的一些工作人员在花园焚毁档案。我认为2~4天内，在巴黎乃至法国陆军中将发生大的事情。鉴于此，我们面临的问题是：除援助法军4个战斗机中队外（法国人对于4个中队的援助非常感激），可否增派更多战斗机中队；我们大部分的远程重轰炸机可否在明天及其之后的几个夜间轰炸正在强渡默兹河并向突出部推进的大批德军。就算我们如上述这样做了，结果仍然难以意料。除非"突出部"一战打胜，否则法军很可能像波军那样迅速崩溃。

我个人认为，我们应该明天调来他们要求的战斗机中队（即增派6个中队），并且集中法国和英国一切可以调用的空军，在以后的两三天中控制"突出部"上空，目的并非为了保卫这个局部地区，而是为了给法国陆军一个恢复士气和集结力量最后的机会。如果拒绝他们的请求从而导致其毁灭，这在历史上是不好的。另外，我们无疑能够调派强大的重轰炸机队进行夜间轰炸的。目前看来，敌人已将空军和坦克全部投入战斗，我们不应低估他们的前进在有力的反击下，将遇到的日益增加的困难。我想，如果此间完全失败，我们依然能够把自己剩下的空中打击力量转用于协助我们的英国远征军。

以上是我所陈述的意见，再一次强调法国当前的局势已经非常严峻，请将你们商议的结果尽快告我。迪尔将军同意我的意见。我必须在午夜前得到明确答复，以便鼓舞法国人。请用印地语打电话到大使馆给伊斯梅。

正如丘吉尔在电报中所说，要是内阁批准再增派 6 个中队，这样英国国内就只剩下 25 个战斗机中队了。英国的空军力量为援助法国尽了最大的努力。其实，丘吉尔做出这个决定是非常艰难的，因为英国人是不愿再从本土防线抽调飞机的。

电报发出去 2 个小时后，大约 23 点半，内阁回电表示同意首相的要求。丘吉尔当即乘车前往法国总理雷诺的官邸，雷诺穿着睡衣接见了他的英国朋友。当丘吉尔说英国政府决定向法国派出 10 个战斗机中队时，雷诺立即派人请来达拉第。达拉第很快来到总理官邸，听取英国内阁的决定。其间，达拉第一言未发。当丘吉尔说完后，他站了起来，紧紧握住了丘吉尔的手，显然法国人的感激之情溢于言表。第二天一大早，丘吉尔及其随行人员离开巴黎返回伦敦。

◎ 重点是防空

5月17日上午10点，英国政府内阁召开会议。丘吉尔就巴黎之行及其所看到的局势详细地向内阁成员作了报告。他说："我已经告诉法国人，除非他们做出最大的努力，不然，我们就没有理由再增派战斗机中队，从而使我们国家的安全面临严重危险。"丘吉尔觉得，加强空军力量的问题是英国内阁前所未遇的最严重的问题之一。据说，德国空军的损失是英国空军的损失的四五倍，可是，法国的战斗机只剩下四分之一了。甘末林认为大势已去。

这一天，美国驻英国大使馆通知所有在英国的美国公民（大约4000人）尽快返回美国，无法回国的美国公民尽快撤离大城市和战略要地，到人口比较少的地区居住。

5月18日，丘吉尔再次致电罗斯福："我无须告诉你事态的严重性。不管目前法国这场激战结果如何，我们都下定决心要坚持到底。无论如何，我们必须预料到，英国不久就要遭到荷兰所遭受的那种攻击。我们希望我们能够打好这一仗，但是如果美国的援助要发挥作用的话，发挥的时间越早对我们将越有利。"

罗斯福回电："借用或赠予四五十艘较旧的驱逐舰需要国会授权，目前商谈此事还不是时候。我愿尽力使各盟国政府顺利地得到最新式的美国飞机、防空设备、弹药和钢材。珀维斯先生（笔者注：英国代表）在这些问题上提出的意见将得到最善意的考虑。"罗斯福在电报中还说："合众国眼前最有效的防御就是大不列颠成功地保卫它自己。"这说明，美国需要英国继续与法西斯德国进行战斗。

这一天，丘吉尔收到了意大利总理墨索里尼的回信：

我之所以回答阁下的来信，是想说，阁下一定比我更清楚导致我国与贵国处于敌对阵营的历史的和偶然的重大原因。不用追溯多远，我想提醒阁下的是，1935年，贵国政府在日内瓦首先提出要制裁意大利。当时的意大利不过是想在非洲的阳光下获得一小块空间，这丝毫没有损害到贵国和其他国家的利益。另外，我还想提醒阁下看一看意大利在自己的领海里受人奴役的真实情况。假如贵国政府对德宣战是为了给你的签字增加荣誉的话，那么我相信阁下应该非常清楚，不管发生什么事情，我们对意德条约的荣誉感和尊严感也将成为指导意大利今天的和明天的政策。

5月19日，英军参谋长联席会议提出在法国投降的情况下的防御报告，要求加强防御措施，重点是防空。

5 月 20 日清晨，丘吉尔召集内阁成员开会。会议再次讨论了英国的陆军的形势。丘吉尔认为，即使能够且战且退成功地撤到索姆河，可能有相当多的军队会被切断或被逐海上。他说："作为预防措施，海军部应集结大量小型船只，准备随时驶往法国沿海的港口和海湾。"海军部根据这个建议，立即采取行动，而且随着时日的迁移和形势的紧张，日益加强了这方面的努力。

20 日下午，英国海军部在多佛尔举行了第一次会议，讨论紧急撤退大量军队渡过海峡的问题。当时的计划是，如果必需的话，就分别从加莱、布洛涅和敦刻尔克撤退，每 24 小时从每个港口撤出 1 万人。30 艘旅客渡船、12 艘海军的扫海船和 6 艘沿岸贸易船，作为第一批的船只。

这一天，丘吉尔致电罗斯福，进一步寻求美国的军事援助，并向其表明英国守土抗战的坚强决心。电文如下：

总统先生：

洛西恩（笔者注：英驻美大使）已经把他和你谈话的内容向我作了报告。我深知你目前面临的种种困难，然而我还是为那些驱逐舰的事情感到遗憾。假如这些驱逐舰能在 6 个星期内到达我们这里，它们将发挥难以估量的作用。法国的战场形势对于双方都有很大的危险。尽管我们重创了敌人的空军，使其遭受重大损失，但是他们的飞机在数量上占有绝对的优势。因此，我们最需要的是尽可能早地尽可能多地运来目前出厂交付贵国军队使用的柯蒂斯 P-40 型战斗机。

至于你与洛西恩谈话的结尾部分，我们的意见是，不管发生任何事情，都要在英国本土奋战到底。倘若我们能得到我们要求的援助，敌我双方将接近于势均力敌。如果目前形势得不到改观，本届政府就很有可能下台。然而，在任何情况下，我们都决不投降。如果本届政府下台，让其他人出面在这片废墟上与敌人展开谈判，那么，你就不能无视这样的事实，即同德国讨价还价的唯一筹码就只有舰队了。如果贵国听任这个国家受命运的摆布，那么，只要当时的负责人能为残存下来的居民争取到最有利的和谈条件，任何人将没有资格怪罪他们。

总统先生，请原谅我如此直率地提出这个令人生厌的问题。无论如何我都不能替我的后继者负责，因为他们在极端绝望和孤立无援的情况下，很可能屈服于德国人。幸运的是，当下还没有到考虑这件事的时候。再一次谢谢你的好意。

前海军人员　温斯顿·丘吉尔

5月21日，德军装甲部队进抵海岸，一举切断了北方的英、法、比联军同南边法军的联系。此后，德军继续向北突进，迅速占领各战略要地。这样，英法联军的几十万大军被德军牢牢围困在法国东北部的敦刻尔克地区。

5月22日，英国海军部命令征用在英国避难的40艘荷兰小船，并配备海军的水手。这些船只是在5月25日到5月27日之间编入现役的。从哈里奇到韦默思一带，英国海运官员奉命登记所有吨位达1000吨的适用船只，对停泊在英国各港口的一切船只也进行了调查。这即是后来的"发电机"作战计划，10天之后即被证明成为英国陆军的大救星。

5月25日，丘吉尔和雷诺联合请求美国总统罗斯福对意大利的侵略行为进行干预。二人在致罗斯福的信中说："英国和法国授权他们说明：我们了解意大利在地中海地区的领土问题上对我们怀有宿怨，我们打算立即考虑任何合理的要求；同盟国将允许意大利以一种与任何交战国相等的地位参加和平会议；我们将邀请总统监督现在所达成的一切协议的执行。总统照办了，但是你的演说被这位意大利大独裁者极端粗暴地拒绝了。"

◎ 统一部署

5月25日深夜，丘吉尔在海军部大楼的办公室里召集帝国总参谋长艾恩赛德、副总参谋长迪尔、内阁秘书处军事负责人伊斯梅开会研究当前形势。大家一致认为，当前危机时刻急需组建一支本土防御部队，并尽快为这个部队物色一位合适的指挥官。艾恩赛德主动提出辞去帝国总参谋长的职务，说他愿意担任英国本土防御部队的指挥官。丘吉尔接受了艾恩赛德的建议。

5月26日，法英盟军在法国北方的各集团军岌岌可危，没有人能断定哪个部队能够突围。为此，法国总理雷诺前往伦敦与英国首相丘吉尔商谈相关事宜。英国外交大臣哈利法克斯、枢密院大臣张伯伦，以及艾德礼、艾登参加了会谈。

法英两位领导人认为意大利可能随时参战，这样势必在法国燃起另一条战线的战火。意大利这个新的敌人将像饿狼一样从南方扑来。如何诱使墨索里尼改变主意，是当前盟军面临的问题。丘吉尔认为毫无办法，而雷诺则认为可以试一试，但是他所讲的每一个论据，让人感觉不到成功的希望。丘吉尔说："从当前的处境来看，如果我们战败，任何东西墨索里尼都可以亲自去拿，或者由希特勒送给他。一个人在快要死亡的时候，是很难与人讨价还价的。一旦与这个大独裁者开始谈判，必然会破坏我们继续作战的力量。我发觉我的同僚都很坚决，毫不动摇。我们更偏重于当墨索里尼宣战时，马上轰炸米兰和都灵。"

雷诺对丘吉尔的话没有表示反对，他说法国有退出战争的可能，但是他本人想继续战斗下去。他还说，也许不久他会被另外一个性格不同的人来代替。最后，丘吉尔对雷诺说，他会将问题提交内阁，并在第二天给出明确答复。会谈结束后，雷诺和丘吉尔单独在海军部进餐。

5月26日晚，英国海军部下达了代号为"发电机"的撤退命令，英军的撤退行动开始。

5月27日，英国战时内阁批准了参谋长联席会议的报告，并组建了飞机生产部，比弗布鲁克担任部长，加快了飞机制造，使飞机月产量猛增。战时内阁在全国范围内统一部署了防空力量，特别是加强了伦敦的防空。

英国空军部成立了防空指挥部，爱德华·比尔上将担任司令，负责英国的防空工作。此时，英国的战斗机部队有56个中队，拥有980架战斗机，包括性能先进的"飓风"和"喷火"战斗机688架；7个高射炮师，拥有4000多门高射炮，其中大口径高射炮近2000门。鉴于大口径高射炮月产量只有40门，短期内难以快速提高数量，爱德华·比尔将700门大口径高射炮部署在飞机制造厂。另外，还有5个防空拦阻气球大队，拥有1500多个拦阻气球，拦阻气球系在汽车上。

英军拥有秘密雷达部队，是最早把雷达投入空战的国家。1940 年 7 月，英国共有 51 座雷达站。在东南沿海地区建了 38 座，形成了强大的雷达网，能有效发现飞行高度在 4500 米以下的飞机。防空指挥部可通过雷达测出德军飞机来袭的方位和时间，以便指挥战斗机作战。在雷达使用前，往往派出大批战斗机在空中巡逻；使用雷达后，战斗机起飞后都用于空战，大大减少了飞机、燃料和飞行员体力的消耗，弥补了战斗机少的弱势。雷达成为英国空军手中的王牌。另外，约有 50 万国民自卫军在沿海地区设置防空监视哨，利用双筒望远镜和方位测向仪负责对空监视、警戒等任务，成为英军重要的帮手。

英军歼击航空兵司令部位于本特利修道院，司令官是休·道丁上将。道丁是一战时的老飞行员。在道丁的领导下，成立情报室，组建了由雷达、监视哨和司令部、情报室构成的空中情报系统。在道丁的建议下，空军部成立了作战训练部队，组建了一批训练学校，抓紧培训空勤和地勤人员，每月有 200 名飞行员补充空军，要求英联邦成员国代为培训。英军最大的困难是缺少飞行员，因战前强调飞行员质量，加上在战争中的伤亡，飞行员数量出现危机。

道丁，1882 年 4 月 24 日出生于英国苏格兰的邓弗里斯郡，1899 年考进沃尔威奇军事学院，1911 年进入坎伯利参谋学院，学习了两年炮兵课程。虽然骑兵和新闻课程对炮兵学员来讲比重太多，但他没有抵制。道丁在学校时经常低头沉思，同学们称他为"拘谨的道丁"。在坎伯利参谋学院学习时，道丁经常早晨起来挤车到布鲁克兰兹飞行学校接受 1 小时 40 分钟的飞行训练，并顺利通过了皇家航空俱乐部证书考试。1914 年初，参谋学院毕业后，道丁来到中央飞行学校继续学习飞行，以便考取皇家航空队飞行徽章。从中央飞行学校毕业后，道丁进入怀特岛的要塞炮兵部队服役，后来又先后在锡兰（今斯里兰卡）和香港指挥炮兵分队。

一战爆发后，道丁加入英军皇家航空队，先后担任多佛尔"运输营"主任、飞行中队长、飞行观察员、皇家航空队司令部参谋、第九飞行中队中队长。1916 年，道丁担任第九飞行大队大队长，并率第九大队参加了索姆河战役和马恩河战役。不久，他回到伦敦。一战期间，道丁多次就空战问题与空军参谋长特伦查德发生争吵。他想回到炮兵部队，却被留在新组建的皇家空军。1919 年，道丁的军衔为准将。

1929 年，道丁到巴勒斯坦考察阿拉伯、犹太问题，担任约旦、巴勒斯坦地区英军空军司令、英国航空委员会委员。回到伦敦后担任歼击机军区司令。1930 年 9 月，道丁兼任空军委员会主管补给和研究的委员。1936 年，英国空军组建了几个特种司令部：歼击航空兵司令部、轰炸航空兵司令部和海岸航空兵司令部等。7 月 14 日，道丁担任歼击航空兵司令，把司令部设在本特利普里奥雷，从事组建和训练工作。

1938 年，道丁被通知将于 1939 年 7 月退役，因故多次延期，到 1940 年 8 月才确定退役。不幸的是不列颠空战爆发，道丁的退休计划只得再次延期。道丁笑道，不列颠空战期间就不知道自己所处的位置了。1943 年，正式退休。同年，被英国国王敕封为男爵。1970 年 2 月 15 日，道丁在英格兰的肯特郡去世。

伦敦郊外的本特利修道院是 18 世纪修建的，这幢被废弃的建筑物饱经沧桑，过去曾住过惠灵顿公爵和尼尔森勋爵。现在，它变成了英国空军战斗机指挥部，成了指挥英国空中作战的大本营。当时，道丁都快 60 岁了，人们都叫他"古董"。这个外号主要是说他的生活方式——吃素，不喝酒，鸟类观察家和唯灵论者。虽然道丁是一战时期的老飞行员，但绝不是飞行员中的遗老。在热心推动皇家空军的现代化建设方面，他比许多年轻的同事更加积极。

◎ 撤退，是为了战斗

5 月 28 日，丘吉尔在英国议会下院发表讲话。他说："我们已经宣誓要保卫这个世界，在这次战争中，不管发生什么事情都不能使我们放弃这个职责。"他还说："不管敦刻尔克将发生什么情况，我们将继续战斗下去。"

同一天，英国首相丘吉尔就如何解决英法盟军当前的困境问题答复法国总理雷诺。丘吉尔在电文中极力为雷诺打气，并强调团结、勇气和耐心的重要性，表达了不轻易妥协和坚持到底的信心。

我与我的同事以非常认真和同情的态度研究了你今天给我的关于对墨索里尼先生作某些明确让步的建议，充分认识到我们面临的严峻形势。我们上次讨论此事后，又出现新的事件，即比利时军队的投降，这大大恶化了我们当前的处境。目前来看，从港口撤退布朗夏尔将军和戈特将军的部队可能性已经非常小了。如此形势下，德国不可能提出任何可以接受的条件，而且我们双方都不愿意在战争结束前牺牲各自的独立与自由。

哈利法克斯勋爵在上个礼拜拟订的方案中建议，假如墨索里尼先生愿意与我们合作，并促使所有问题得到解决，进而保证我们的独立，为欧洲奠定公平与持久和平的基础，我们就准备讨论其在地中海方面的要求。他提议增加某些特别的让步条件，我觉得这些条件是很难打动墨索里尼先生的。关键是，这些条件一旦提出，将来就很难收回，并且很难诱使其充当调停人，而上个礼拜天我们讨论的方案正是要他担任这样的角色。

我和我的同事们确信，墨索里尼先生早已想到他将在最后时刻充当这个角色。没有任何疑问，这位意大利领袖打算在调停中为意大利攫取优厚的利益。然而，我们也确信，正当希特勒为胜利扬扬得意并肯定认为盟军的抵抗即将迅速并彻底瓦解时，墨索里尼提出召开会议的建议难以获得成功。另外，我要告诉你的是，你我联合请求美国总统作出的建议，他已收到否定的答复；还有，哈利法克斯勋爵上礼拜六向意大利驻英大使提出的办法亦未得到答复。

鉴于此，虽不排除在某个时候有与墨索里尼进行会谈的可能，但我和我同事们认为目前不是好时机。另外，我想说明一点，在我看来，如此做法将对我国人民当前坚定不屈的高昂士气产生非常不利的影响。至于对贵国的影响怎么样，我相信先生一定有自己最好的判断。

总理先生也许会问如何改善这个局面，我的答复是：如果在失掉我们的两个集团军和我们的比利时盟国的支援后，我们依然能表现出坚强的决心，则能立即提高我们的谈判地位，还都能获得美国的赞许，说不定还能获得美国的援助。我一直认为，只要我们两国并肩战斗，我们不可战胜的海军和空军就能为我们共同的利益对德国继续施加压力。

我们有理由相信，德国人同样在争取时间，他们遭受的损失，他们遇到的困难，他们对于我们空袭的恐惧，正在不断地消磨他们的勇气。这个时候，我们一定要沉住气，急匆匆承认失败只会失去转瞬赢得战争的良机，进而酿成一场悲剧。我深信，只要我们两国继续战斗到底，我们就能从丹麦或者波兰的命运中挽救自己。我们的成功必须依靠我们的团结，还要依赖我们的勇气和耐心。

5月30日，丘吉尔在海军部作战室召集海陆空三军大臣和三军参谋长举行会议。会议研究了当天比利时海岸的英法联军的撤退情况。撤退的总数已达12万人，其中只有6000名法国人，参与撤退的各种船只共860艘。

在敦刻尔克的海军上将威克·沃克来电说，尽管有激烈的轰炸与空袭，在前一小时也有4000人上船。他认为，敦刻尔克也许明天就守不住了。

丘吉尔强调，要让更多的法国军队撤出。如果做不到这一点，将对我们和盟国的关系产生无法弥补的伤害。丘吉尔说，当英军的力量缩减到一个军的时候，我们应当告诉英国远征军总司令戈特勋爵上船回国，留下一个军长负责。英国军队应该坚守阵地，能守多久就守多久，以便法国军队得以继续撤退。为此，丘吉尔亲笔给戈特下了一道命令。命令由陆军部于下午2时正式发出：

尽最大努力继续防守目前阵地，其目的是保证撤走更多人。每隔 3 小时通过比利时西部的拉·潘尼报告情况。假如我们仍能保持通信的话，当我们认为你指挥的部队已缩减到可以移交给一个军长时，我们将给你下达命令，让你偕同你觉得应当撤退的军官回到国内。现在，你应该指定这位军长。一旦通信断绝，具有战斗力的部队不超过三个师的人数时，你就应移交指挥权，并尊重命令回国。这是命令，是按程序部署的，你没有自由行事的权力。从政治方面着想，在你指挥的部队只剩下一小部分时，你一旦被敌人俘虏就等于敌人获得一种多余的胜利。你应当命令你所选择的司令官继续与法军共同防御，继续从敦刻尔克或海滩撤退。如果他认为已不能进行有组织的撤退且不能对敌人造成相当杀伤时，他有权与法军高级司令官协商正式投降，以避免不必要的牺牲。

同一天，戈特勋爵的参谋人员与在多佛尔负责撤退工作的拉姆齐海军上将会商后通知戈特，6 月 1 日白天是可望守住东部外围阵地的最后时间，因此应采取非常的紧急措施，尽可能保证撤退那时还留在海岸上的大约不到 4000 人的英国后卫部队。后来，发现这个数目的兵力不足以防御最后的掩护阵地，于是决定将英军的防御地区保持到 6 月 1 日与 2 日之间的午夜，同时在完全平等的基础上撤退法军和英军。

5 月 31 日，法国总理雷诺在巴黎召开的盟国最高军事会议上，坚决主张英法联军共同撤退。他说："22 万名英国士兵中已经运走了 15 万人，而 20 万法国士兵中只运走了 1.5 万人。如果这种不均衡的状况不能立刻改变的话，将产生非常严重的政治后果。"丘吉尔自然懂得雷诺话中的含义，他当即表示同意共同撤退，并说："还在敦刻尔克的 3 个英国师，将同法国人在一起，直到撤退完毕。"

6月1日，丘吉尔发电报给雷诺，建议"于今夜停止撤退"。雷诺接到电报后大为光火，他认为英国人救出了自己的大部分士兵，现在准备抛弃法国部队了。法军总司令魏刚坚决要求英军部队留下来与法军并肩守卫环形防线，直至更多法国部队撤离。在法国人的一再要求下，英国终于同意将"发电机"行动延长至 6 月 4 日。

6月3日，意大利外交部长、墨索里尼的女婿齐亚诺对法国大使说："领袖（墨索里尼）对通过和平谈判从法国收回任何领土的建议不感兴趣，他已决定对法宣战。"

第二章　众志成城

丘吉尔站稳后，拿下口中的特大号雪茄，指着会议桌首席位置上放的那把木椅说："我将在这间屋子里指挥这场战争，我就坐在那里——那把椅子上。我就坐在那里，要么德国人被赶走，要么让他们把我的尸体抬出去！"

◎ 图谋入侵不列颠

6月4日14时23分，在大部分法军和几乎全部英军已撤离的情况下，英法指挥官一致同意"发电机"行动结束。满载法国士兵的"希卡里号"英国军舰最后驶离敦刻尔克港口。晚些时候，丘吉尔在下院报告"发电机"行动执行情况时，庄严地对议员们说：

我们一定要慎重小心，不要给这次撤退行动涂上胜利的色彩。要知道，战争不是靠撤退打赢的。然而，这次撤退行动多少包含着一些胜利色彩，这一点需要明确。如果说有胜利色彩的话，那也是空军赢得的……

这是我国空军与德国空军之间的一次生死较量。德国人试图在空中阻止我海滩上的撤退行动，目的是炸沉海面上数千艘船只。大家想象一下，德国人还有比这更为重大的目标吗？对战争的整个目的来说，还有比这一目标具有更大的军事意义吗？

......

　　即便是欧洲大片土地和许多古老著名的国家已经陷入或可能陷入秘密警察和纳粹统治的种种罪恶机关的魔掌，我们仍然毫不动摇、决不气馁，继续战斗到底。我们将在法兰西作战，我们将在海上和大洋上作战，我们将具有越来越大的信心和越来越强的力量在空中作战。我们将不惜一切代价保卫我们的领土，我们将在海滩上作战，我们将在敌人的登陆地点作战，我们将在田间和街头作战，我们将在山区作战。我们决不投降，就算我们的整个岛屿或岛屿的大部分被侵占并陷于饥饿之中——我决不相信这种情况会发生——我们海外的帝国民众，在英国舰队的武装和保护之下将继续战斗，直至新世界在上帝认为适当的时候，拿出它所有的一切力量，来拯救和解放这个硝烟弥漫的旧世界。

　　6 月 5 日，德国空军总司令赫尔曼·戈林在视察敦刻尔克的列车上召开了一次德国空军总司令部会议。参加这次会议的有第二航空队司令凯塞林将军、第三航空队司令斯比埃尔将军、第五航空队司令施登夫将军，以及监察长米尔契将军和参谋长耶舒昂纳克将军。

　　赫尔曼·戈林，1893 年 1 月 13 日生于德国巴伐利亚州的罗森海姆镇，其父与铁血宰相俾斯麦关系亲密，曾受俾斯麦委派出任德属西南非洲（今纳米比亚）总督。戈林秉承父亲意愿，入读士官学校，1911 年毕业于德国大利希特菲尔德军事学院，后在阿尔萨斯的米尔贺森联队任步兵中尉。一战爆发后，戈林转入陆军航空兵部队学习飞行，曾任著名的里希特霍飞行中队的最后一任指挥官，在空战中击落 23 架敌机，成为德国著名的空中战斗英雄，获得德国战时最高荣誉勋章。战后，德国的战败令戈林的地位一落千丈，流落到丹麦和瑞典当起了运输机驾驶员。1921年，一次偶然的机会，戈林听了希特勒的演讲，一个要重温日耳曼帝国的旧梦，一个想重振德国空军雄威，两人一拍即合。戈林凭借其过人的精力和毒辣的手段，为希特勒的啤酒馆政变、国会纵火案、创立秘密警察组织"盖世太保"和冲锋队以及清除同党罗姆等竭尽全力，成为希特勒最得力的助手之一，为希特勒夺权立下汗马功劳。杀掉罗姆，也为戈林自己扫除了竞争对手。随着希特勒的发迹，戈林在第三帝国的仕途青云直上，成为希特勒的宠臣。他先后担任过冲锋队队长、航空部长、空军司令，并晋升为陆军上将、空军元帅，直至成为希特勒的法定继承人。二战后，在纽伦堡审判中，戈林被控以战争罪和反人类罪，被判处绞刑。1946 年 10 月 15 日，戈林在执行绞刑前数小时，于狱中服毒自杀身亡。

戈林跟参加会议的人员打完招呼后，告诉大家说，法国方面的某些媒介正在试探我们的停战条件。接着他又说，英国军队在遭受了德国军队如此"沉重的打击之后，于敦刻尔克被全部歼灭"，他和元首不知有多么高兴。

戈林说到这里，米尔契不由自主地问了一句："元帅是说英国军队在敦刻尔克被全部歼灭？"

戈林微笑着点了点头。

米尔契显然不相信戈林的话，他接着说："我认为，英国人根本没有被打垮。不过我承认，我们在三个星期内将英国人赶出了法国，这已经是很了不起的战绩，无疑给了傲气的英国人一个沉重打击。然而，我们必须直面这样一个事实：英国人几乎把全部军队撤过了英吉利海峡，这个情况令人担忧。"

戈林认为，德军在西线的战事差不多已经结束，他正是带着这种想法召集这次会议的。米尔契刚才的一番话，对戈林的情绪产生了很大影响，他问米尔契："你觉得接下来该怎么办？"

米尔契严肃地说："我认为我们应当立即将空军现有的全部兵力调至英吉利海峡沿岸……攻占大不列颠不容拖延……我提醒您，元帅先生，如果我们给英国人三四周休整的时间，到那时将悔之晚矣……"

"这不行！"没等米尔契说完，戈林就毫不客气地打断了他的话。

参加会议的其他人，绝大多数支持米尔契的意见。随着会议的继续进行，戈林慢慢开始同意米尔契的观点。

几个小时后，一项入侵不列颠的作战计划终于形成，它拟以空降兵入侵，先以轰炸机、俯冲轰炸机大规模轰炸英国的南部沿海。在飞机掩护下，空降部队在英国本土着陆，并夺取 1 个机场，紧接着用容克军用运输机进行穿梭运输，运送 5 个德国精锐师。除了地面上可能遇到的抵抗外，这项计划还考虑到其他一些难以克服的障碍：要使英国人屈膝投降，不仅要消灭他们的空军，而且还必须封死他们运送食品的海路，瘫痪其港口，这就意味着要消灭世界上最强大的英国皇家海军。

戈林大胆预测，德国的空袭会导致大不列颠帝国在北海和地中海的战舰调离现在的位置，而且还会调动英格兰斯卡帕湾重兵把守的大本营里的军舰，迫使它们开足马力驶向英吉利海峡。如此一来，英国皇家海军将全部集结在这条狭长的海域。与此同时，英国皇家空军也会在战场上空全部露面，这不仅能使德国空军集中摧毁英国的空中力量，而且也能消灭其海上力量。

戈林认为，这是一个绝妙无比的计划，它将是一场由德国空军主导的战争，不仅有 10 个陆军师将归他指挥，而且德国海军那些需要用来做后援和策应的船只及舰艇也将归到他的麾下。戈林相信，德国空军不但能阻挡英国海军的侵扰，还能彻底摧毁英国的空军。戈林心想，身为德国空军的总司令，如果此次空袭成功，自己必定获得头功。

6月6日，戈林来到希特勒设在比利时一个村庄里的临时指挥部，将他和空军将领们讨论过的空袭不列颠计划面呈希特勒。

"我的元首，这就是我们伟大的胜利蓝图！"戈林说，"但是，我想强调一点，要取得这场战争的伟大胜利，有一个先决条件，那就是战争务必立即打响，一定要趁英国人尚未从他们在比利时和法国之战的惨败中爬起来，趁那些从敦刻尔克撤走的英国远征军仍然士气低落、缺乏武器装备之际，将其彻底击败。"

"我等待着你的指示，我的元首。"戈林说完，用自信、期待的目光望着希特勒。

希特勒在仔细看了戈林的计划后，给这位宠臣下达了一项命令。希特勒的命令如一盆冷水，将戈林燃烧起来的烈焰彻底浇灭。希特勒的命令是：不要行动。

希特勒明确指出，尽管他很欣赏这个计划，但是反对将它付诸行动，不是因为这项计划不会取得成功，而是觉得现在或将来都没有这样做的必要。他相信，英国人作为理智的民族，到此时此刻已认识到了他们山穷水尽的处境。他深信，英国政府会接受将由他提出的和平解决方案。希特勒不想耗费战争资源做亏本生意。此刻，希特勒的心思完全放在了促使法国投降方面。

◎ 向美国求援

6月6日，英国首相丘吉尔就调动和扩建陆军问题致电陆军大臣艾登。

两个多礼拜前，我获悉有8个营的士兵可在命令发出后的42天内离开印度回国。可是，命令已经发出去后，直到6月6日（即今日）第1批8个营的士兵才离开印度，绕道好望角，最早也要在7月25日才能到达。澳大利亚军乘巨轮正在赶来，不过他们好像在开普敦耽搁了一个礼拜，而且现在是以18海里而不是20海里的速度前进。我认为20海里是可以的，希望他们于15日前后能够到达。不管怎样，他们一旦到达，立即原船载运本土防卫队，越多越好，最好是12个营，以最快的速度开往印度。到达印度后，立即把第2批的8个正规营全速运回国内。接着，再载运另一批本土防卫队去印度。将来的调动可在以后讨论……我现在的要求是：巨轮往来都要全速前进，越快越好。

我还获悉，从巴勒斯坦抽调的几个营因受到当地的反对，工作已经停了下来。对此，我深表遗憾。韦维尔将军仅仅站在自己的立场考虑形势，这很正常，然而我们要考虑的则是组建一支精锐，以弥补在战争第一年中未能以一支强有力的远征军援助法国这一可悲的失败。你可否记得，在上次大战的头一年，我们有47个师投入战斗，每师有12个营加1个工兵营，不像现在每师只有9个营。现在看来，我们官僚作风的散漫拖沓让我们付出了一定的代价。

为了保持英国远征军的兵力，我一直在等待由8个印度土著营接替从巴勒斯坦调离的8个营的防务。假如前者能立即调防巴勒斯坦的话，你一定要就此事给我一个时间表。可否取道巴士拉和波斯湾运送这些不列颠营和他们的印度籍的接替者，我至今尚未收到任何报告，请尽快将报告送给我。

我还考虑另外一种办法：将余下的澳大利亚军运送回国，你最好能就此事给我一份备忘录，一定要明确启程的日期。

另外一点，你不要以为我无视中东局势。恰恰相反，我认为，我们必须依靠印度，印度部队应由孟买经卡拉奇穿越沙漠前往巴勒斯坦和埃及。目前来看，印度还没有做出值得一提的事。上次大战的头9个月里，不仅我们所有正规军来自印度（其数字比现在要多得多），而且在圣诞节的时候还有一个印度军在法国参加了战斗。跟25年前相比，如今的我们表现得很软弱、行动迟缓，缺乏活力和埋头苦干的精神。我相信，你和劳埃德与艾默里一定能解开我们在东方和中东的困局。

6月9日，为了让美国尽早对德宣战，丘吉尔致电英国驻美大使洛西恩，要求他向美国总统罗斯福转达自己的意思。

我演说（笔者注：指6月4日在议会下院发表的演说）中的最后一段话主要是针对德国和意大利说的。对这两个国家来说，想到两个大陆的战争及以后持久的战争，就很不愉快。我所说的这段话也是针对自治领的，要知道我们可是自治领的信托人。尽管如此，我一直记着你的话，在给总统和麦肯齐·金的几封电报中还提到了你的观点。假如大不列颠落入希特勒之手，亲德的政府交出英国舰队就可从德国取得优厚的条件，如此将使德国和日本成为新世界的主人。

英王陛下的顾问们绝对不会如此卑躬屈膝，但是如果一个吉斯林式的傀儡政府成立的话，他们一定会这么做的，也许他们只能这样做，总统先生应该比我清楚这一点。你应把这个意思转达给总统先生，其目的是打消美国自以为是的念头，以为照他们现在的政策就能捡到大英帝国的残余。恰恰相反，美国若真要如此做的话，将会冒非常大的风险，他们的海军力量将会被敌人的海军完全压倒。还有，使美国为敌人所感到畏惧的岛屿和海军基地也必定会被纳粹德国抢去。我们一旦失败，希特勒就能获得一个征服世界的绝佳机会。

希望上述所讲能有助于你的商谈。

丘吉尔的电报发出一个月后，洛西恩终于发来一封鼓舞人心的电报。他说："美国的远见人士终于开始察觉到，如果战事对我们不利而他们仍旧保持中立的话，他们就有可能完全失去英国舰队。然而，除非保证，一旦美国参战，则英国舰队或其残部在大不列颠战败时将开往大西洋对岸，否则，要想使美国公众舆论考虑让我们获得美国的驱逐舰，是极端困难的。"

6月10日下午4时45分，意大利外交部长齐亚诺照会英国大使说，意大利认为从当天午夜起就与联合王国处于战争状态了。在同一天，齐亚诺也给法国政府送达了同样的照会。为此，墨索里尼阴险地笑着说："意大利只要付出几千条生命作代价，就能成为战争参与者坐在和谈桌旁。"

10日深夜，大洋彼岸的美国总统罗斯福发表演说，强烈地谴责意大利的战争行为，美国总统形象地说："1940年6月10日这一天，手持匕首的人将匕首刺进了他邻人的后背。"

6月11日，丘吉尔致电美国总统罗斯福，电报中再次谈到美国的援助问题。电文如下：

总统先生：

昨夜，我们都收听了你的演说，你的远见增强了我们的信心。特别是你关于美国将给予战争中的盟国以物质援助的声明，对处于黑暗还不至于绝望的盟国来说，无疑是一种极大的鼓舞。我们一定要竭尽所能帮助法国继续战斗，以防止"巴黎一旦陷落就成为谈判的时机"等任何试图妥协的念头的出现。你的声明给了他们战斗下去的信心，并赋予他们坚持下去的力量。法国人应当继续保卫他们的每一寸土地并发挥陆军的全部战斗力。如此一来，梦想速战速决的希特勒必定会受到挫折，进而转向我们，我们已经做好抵抗这个战争疯子的准备，坚决保卫我们的祖国。英国远征军已经被救了出来，所以我们本土并不缺乏军队，各师一旦有了适合大陆军事需要的更好的装备，就立刻派他们前往法国本土。

我们的想法是打造一支强大的军队在法国作战，继续1941年的战争。关于飞机（包括飞艇），我已给你发去一份电报，这些武器装备在大不列颠生死存亡的关头是迫切需要的，而更迫切需要的是驱逐舰。意大利的残暴行动让我们认识到，一定要拥有相当数量的驱逐舰用来对付更多潜艇。这些幽灵似的潜艇极有可能进入大西洋，也许还会在西班牙的港口建立基地，而驱逐舰是唯一能够对付潜艇的舰艇。对我们来说，没有比贵国为我们重新装备的30或40艘旧驱逐舰更重要的了。只要这些驱逐舰一到手，我们将马上为它们装上潜艇探测器。在我们战时新建造的舰只下水前，贵国提供的驱逐舰可以在这6个月内弥补我们舰只的不足。不管什么时候你需要这些舰只，请提前6个月通知，我们一定把原舰或价值等同于原舰的舰只归还给你，决不延误。

将来的6个月至关重要。当前，我们没有能力两线作战，既要保卫东海岸免遭敌人入侵，又要对付德、意两国潜艇对我们商船的袭扰。如果非要这样的话，我们的海洋交通就很有可能被切断。海上交通是我们的生命线，一天也不能出现问题。

在此，我和我的同事对你为我们当前的共同事业正在做的及想要做的所有努力，表示由衷的感谢。

前海军人员 温斯顿·丘吉尔

丘吉尔在电报中强调，如果德军登陆成功并征服英国将给美国带来非常严重的后果，所以这封电报在美国的高级官员中产生了巨大的反响。华盛顿方面要求英国保证，在任何情况下都决不将英国舰队交与德国。英国正准备以最庄严的方式提出这种保证。英国人既然已准备牺牲，就不怕做出保证。当然，美国政府也需要英国继续与纳粹德国战斗下去。6月间，美国援助英国50万支步枪、5.5万支冲锋枪、2.2万挺机枪和895门野战炮。

敦刻尔克大撤退后，英国军队虽保存了一定的实力，但丢弃了大量装备，损失颇为惨重。针对这种情况，丘吉尔的战时内阁准备采取紧急措施，加强防御。陆军计划在7月份扩充至44个师；空军将拥有"喷火"式和"飓风"式战斗机620架，后备飞机289架；海军实力超过德国海军，有1000多艘巡逻艇，其中200余艘在海上巡逻，大部分驱逐舰也从执行护航任务调回，以对付德军的入侵。另外，英军还组织了机动部队，准备狠狠地打击入侵者。5~8月，英国国民自卫军已有100万人，准备发展到150万人。为抗击德军登陆，在英国南部和东南海岸修建油池，准备在德军舰船驶近海岸时发动"火攻"。6~8月，英国计划生产飞机903架，实际生产了1418架。第一批8个营的兵力于6月6日从印度启程，7月25日赶到英国加强防务。此外，从澳大利亚抽调的部队也已启程，准备参加反登陆作战。

◎ 劝战

6月11日夜晚，英国首相丘吉尔和法国总理雷诺在法国布里阿尔附近的来居厄堡的一座别墅举行会谈。法国方面参加会谈的有：军事顾问贝当、法军总司令魏刚、空军上将维耶曼，还有其他一些人，其中包括级别较低的戴高乐将军。英国方面有：帝国总参谋长迪尔、陆军大臣艾登及其他一些相关人员。

丘吉尔极力劝说法国政府保卫巴黎。他强调，在市区打巷战，可以消耗大量敌军，并对敌方军心产生极大的威慑作用。他还向贝当追述了1918年英军第五集团军惨败后，在博韦他的列车中他们一起度过的那些夜晚。丘吉尔故意不提福煦元帅，单单提他如何扭转了当时的局面，并背诵了法国前总理克里孟梭说过的话："我决定在巴黎的前面作战，在巴黎的城里作战，在巴黎的后面作战。"贝当平静庄严地答道："在那个时候我可以调动60个师以上的大军，可是现在1个师也没有。"他说，那时战线上有60个师的大军，即便把巴黎化为灰烬也不会影响最后的结局。

接着，魏刚报告了距此 80 公里的战场形势。他要求各方面提供增援，尤其是英国所有的战斗机中队均应立即投入战斗。他说："这里是关键点，现在是关键时刻，所以把任何一个空军中队留在英国都是错误的。"

丘吉尔说："这里不是关键点，现在也不是关键时刻。那个时刻马上就要到来，那就是希特勒调动他的空军向大不列颠发动大规模进攻的时候。如果我们能够掌握制空权，如果我们能够保持海上交通畅通无阻（我们一定要这样做），我们将替你们夺回一切。"

为了防御大不列颠和英吉利海峡，英国人不惜一切代价保留了 25 个战斗机中队，无论发生什么事，他们也不放弃。英国人坚信放弃这些空军中队就等于失去了生存的空间。

在谈到某一点时，魏刚说，法国或许将不得不要求停战。

雷诺立刻喝阻他说："那是政治问题。"

丘吉尔马上说："如果法国在苦难中认为最好的办法是让它的陆军投降，那就不必为了我们而有所犹豫，因为不管你们怎样做，我们将永远永远永远打下去！"

当丘吉尔提到法军不管在什么地方继续打下去都能够牵制或消耗德军 100 个师时，魏刚说："即便这样，德国人仍然可以拿出另外的 100 个师来进攻和征服你们。到那时你们又怎么办呢？"

丘吉尔说："阻止德军入侵大不列颠的最好方法就是在半路上淹死他们，余下的人一爬上岸，就敲碎他们的脑袋。"

魏刚苦笑道："不管怎样，我不得不承认，你们有一道很好的反坦克屏障。"

关于这次令人苦恼的会谈，丘吉尔事后说出了他对法国人的印象："在这个关键时刻，贝当是一个危险人物，他是一个失败主义者，就算在上次大战中也是如此。"不过，丘吉尔对戴高乐给予了很高的评价，他说："戴高乐将军赞成打游击战，年纪轻，有朝气。"

既然贝当和魏刚等人的投降之心坚定，丘吉尔也就没什么可说的了，只好打道回府。他刚一离开，贝当和魏刚就匆匆宣布巴黎为不设防城市。

6月12日夜，英国皇家空军的轰炸机队从本土起飞，经过长距离轻载飞行后，在意大利的都灵和米兰投下了第一批炸弹。

6月13日，丘吉尔乘飞机来到法国，这是在法国投降之前进行的最后一次访问，形势已是相当紧张。丘吉尔由英国代表陪同，来到图尔与雷诺总理会谈，陪同雷诺的是博杜安。雷诺认为，应当趁法国还有足够的军队维持秩序到和平来临的时候，要求停战，这也是法国军方的意见。

丘吉尔在会谈开始时说："大不列颠认识到法国已经遭受和正在遭受的牺牲是巨大的。现在该轮到我们做出牺牲了，我们对此已有所准备。由于在法国北方采取双方同意的战略，战事屡遭挫折，我们发现它目前在地面作战方面的贡献太小，因而感到非常悲痛。我们还没有尝到德国皮鞭的滋味，但是完全知道那是多么的厉害……无论情况如何，我们都要继续战斗。大不列颠并没有也不会改变决心：决不讲和，决不投降。对它来说，不战胜，毋宁死！"

雷诺认为，在法国本土没有一块地方能使真正的法国政府可以逃脱德军的俘虏。他说："法国已经尽了最大努力，贡献了它的青春和鲜血，法国已经无能为力了，法国已经再拿不出什么东西贡献给共同的事业了，因此它有权单独媾和，这并不违背3个月前签订的庄严协定中包含的团结一致的精神，首相先生，你觉得呢？"

对于雷诺提出的单独媾和问题，丘吉尔认为在这个时候提出来，是非常严重的，所以请求在他做出答复之前，让他和他的同事们出去商议一下。于是，哈利法克斯勋爵和比弗布鲁克勋爵以及其他随行人员随丘吉尔来到一个花园，在那里谈了半小时。回到会议室后，丘吉尔重申了他们的立场："不论情况如何，我们都不能同意单独媾和。我们作战的目的是要彻底击败纳粹德国，彻底击败希特勒，我们认为我们仍然可以做到这一点，因此，我们不赞同解除贵国的义务。不论发生什么情况，我们都不责难贵国，但这和同意解除它履行诺言的责任是两码事。"

雷诺表示同意，并且答应说，法国将一直坚持到知道他最后呼吁的结果为止。雷诺的话虽如此，但丘吉尔知道法国人想媾和的想法已经无法挽回了。临行之前，他向雷诺提出了一个特别请求：400多名德国飞行员（其中大部分是英国皇家空军击落的）现在囚禁在法国，考虑到目前的形势，应该把他们交由英国人看管。雷诺欣然允诺，但是不久后，随着他的下台已经没有权力履行这个诺言了。

6月15日清晨，法国总理雷诺接见英国驻法大使罗纳德·坎贝尔时说，他已断然决定把政府分成两部分，将政权中心设在海外。雷诺显然已经认识到，在法国进行的战争结束了，但他仍然希望从非洲用法国舰队继续打下去。同时，法国政府照会英国政府，提及法国舰队问题："法国总理授权向英国声明，把法国舰队交给德国被认为是不能接受的条件。"

为了打消英国的顾虑，法国政府在舰队问题方面表态，是为了换取英国对法国单独投降的认同。这时，法国政府投降派占了上风。法国国民议会长赫里欧和参议院议长让·纳内派代表去见雷诺，要求将政府迁往北非，继续战斗。然而，以贝当为首的投降派说如果不谈判停战，他就辞职，这加速了法国的投降。

随后，英国驻法国大使罗纳德·坎贝尔向法国政府递交了一份照会，同意法国投降，条件是法国舰队开到英国港口，交给英国管辖。英国政府希望法国接受停战条件前能够考虑英国的处境。接着，英国政府又发出照会，要求两国团结起来。这个照会把法国人搞糊涂了，出现了很多自相矛盾和互相指责的情况。法国人不明白，英国到底什么态度。

6月16日上午，丘吉尔在英国内阁会议上强调："在法国舰队的问题未落实前，不同意法国的停战请求。为了消除隐患，英国应该以此作为同意法国停战的必要条件。"同时，丘吉尔在给英国政府的答复中，写道："关于禁止单独进行停战或媾和谈判的协定，是我国与法兰西共和国，而不是与法国某届政府或个别政治家缔结的，它关系到法国的荣誉。假定，也只是假定，法国舰队在谈判期间开到英国港口，则英国政府完全同意法国政府就停战条件而进行探询。"

6月17日，英国向法国重申同意法国停战，要求法国马上命令其舰队开往英国港口。英国第一海务大臣庞德给英国地中海舰队司令坎宁安海军上将的命令是："尽最大努力使法舰队加入我方，否则将其干掉！"当天，庞德派战列舰"胡德号"、航母"皇家方舟号"、战列巡洋舰"反击号"等舰只到直布罗陀监视法国舰队。

当时，法国海军一片混乱，有的主力舰直接加入英舰，更多的战舰逃到北非法属殖民地。战列舰"洛林号"和"库尔贝号"刚好正在英国港口，被扣留。轻型战列舰"敦刻尔克号""斯特拉斯堡号"和2艘旧战列舰停在阿尔及利亚的奥兰港。

6月18日，法国军舰"让·巴尔号"刚完成船体建造就被拖到摩洛哥的卡萨布兰卡。

"黎塞留号"于1935年开始建造，但法国的造船工业十分薄弱，至1940年6月刚完成了95%。"黎塞留号"逃离布雷斯特，到达塞内加尔首都达喀尔。

同一天，英国海军大臣亚历山大和第一海务大臣庞德来到法国，与法国海军司令达尔朗上将会晤。达尔朗承诺，宁可将舰队凿沉，也决不会让其落入德军之手。

6月19~20日夜，法国政府收到德国的停战条件，其中第8款涉及法国舰队："除法国保卫帝国利益的船只外，其余必须集中到指定港口解除武装。"

德国没有直接征用法国舰队，不仅顾虑的是法国民众强烈的民族感情，更主要的是大片的法属北非的殖民地需要法舰队守卫。与其自己派兵，不如让附庸自己的法国来守。如此一来，法国舰队便处于非常尴尬的境地，还没有作战，就没有了敌人，也失去了盟友。法国海军司令达尔朗感到左右为难，为了保留法国的半壁江山，为了法国人最后的尊严，他决定表面上服从维希政府，暗中将舰队撤往北非。

法国外长博杜安向英国地中海舰队司令坎宁安通报了情况。当坎宁安询问法国舰队的走向时，博杜安说，法国将派舰队去北非，若有危险将自沉。英国政府得知法德停战协定的第8款后惊恐不安。丘吉尔在当晚的内阁会议上强调，法国几艘主要战列舰绝不能落入德军之手，他决定由庞德通过私人信件的形式向达尔朗等法国海军将领进一步发出呼吁。

◎ 斗志昂扬

敦刻尔克战役刚刚过去两个星期，法国的最后一道防线就在德军闪电般的进攻下彻底崩溃了，以贝当为首的法国新政府请求停火。法国于 6 月 22 日在停战协议书上签字投降。

希特勒的铁甲战车仅仅用了 52 天便彻底碾碎了号称欧洲第一军事强国的法国。不仅如此，德军在占领法国的同时，于 1940 年 5 月到 6 月间还占领了荷兰、比利时等欧洲一些低地国家。当西欧大陆的这些障碍扫除后，按照希特勒的战略意图，下一个目标应该是征服地广人稀、资源丰富的苏联了。

然而，这位自信爆棚的帝国元首知道在回头向东发起全面进攻前，必须让西线保持绝对的安宁。希特勒在 1939 年秋打算对法国等西欧各国发动攻势时，并不想入侵英国，他认为一旦彻底击败法国，英国就会接受和谈。法国战败后，希特勒频频向英国伸出橄榄枝，通过瑞典和梵蒂冈教廷向伦敦做出和平试探，结果听到的却是英国首相丘吉尔坚定的"不"。

丘吉尔的断然拒绝让希特勒感到进退两难，因为征服布尔什维克的苏联是他由来已久的梦想。

丘吉尔可不像他的前任张伯伦只知一味妥协，这个矮胖老头儿热情洋溢，不知疲倦，做事果断，有着一副铮铮铁骨。

丘吉尔，1874年11月生于英国一个贵族家庭。父亲伦道夫·丘吉尔勋爵是保守党领导人之一，曾任财政大臣；母亲珍妮·杰罗姆是美国人。丘吉尔个性勇敢，富于冒险精神。自幼喜欢玩打仗游戏，孩提时就拥有1500个玩具小锡兵。他可以长时间地将它们摆成各种阵势，进行交锋对垒，战斗演习，经常玩得废寝忘食。18岁那年，丘吉尔考上桑赫斯特皇家军事学院。24岁时，他在苏丹恩图曼第二十一兰瑟支队服役，经历了英布战争。1914年，丘吉尔任英国海军大臣，英国海军在达达尼尔战役中的惨败，导致他引咎辞职，委身西线指挥一个皇家苏格兰旅。当丘吉尔于1940年5月10日夜晚接过英国这艘战舰时，它已是遍体鳞伤，摇摇晃晃，而且即将面临纳粹德国铁蹄践踏的灭顶之灾。

丘吉尔绝不会被希特勒的和谈烟幕所蒙蔽。从希特勒违反凡尔赛和约扩军备战，到撕毁慕尼黑协定吞噬波兰……及与希特勒打交道的经验，丘吉尔已看透了这个流浪汉出身的家伙是个言而无信的卑鄙小人。

丘吉尔给瑞典国王写了一封措辞强硬的复信："……甚至在对于这种要求或建议做任何考虑前，德国必须用事实而不是用空话做出确实的保证。它必须保证恢复捷克斯洛伐克、波兰、挪威、丹麦、荷兰、比利时，特别是法国的自由和独立生活。"

当丘吉尔得知德国代办托姆森企图在华盛顿与英国大使会谈的消息后，立即发去一封急电："告知洛西恩勋爵，决不给德国代办以任何答复。"

丘吉尔对待希特勒的和平方案的态度，在公共场合多次明确表达出来。一天晚上，他召集了一次帝国参谋部会议，会议是在迷宫般的地下总部的一间空房子里进行的，此处有白厅"地洞"之称，离国会和政府办公楼很近。当丘吉尔走进来时，已聚集在那里的将军们和内阁大臣们都站着静静地看着他。丘吉尔站稳后，拿下口中的特大号雪茄，指着会议桌首席位置上放的那把木椅说："我将在这间屋子里指挥这场战争，我就坐在那里——那把椅子上。我就坐在那里，要么德国人被赶走，要么让他们把我的尸体抬出去！"

在拒绝希特勒和平方案的同时，丘吉尔抓紧时间进行抵抗德国入侵的准备工作。农民、一战退伍老兵及地方上其他一些国防志愿人员聚集到了国民军的行列，他们在英国的一条条道路和8000公里的海岸线上巡逻，手里拿着狩猎用的武器，老式的步枪，甚至还有草耙和高尔夫球杆。在他们得到正规装备前，在敦刻尔克撤回的士兵和其他正规军重新武装起来前，在防御工事筑牢、坦克陷阱挖好、海边的地雷埋好前，在皇家空军以更好的飞机和飞行员加强实力前，每赢得一天都是非常宝贵的。

德军占领法国后，英国人并没有被惊恐和混乱所吓倒，他们充分利用撤退后的间歇时间，组织防御，加速飞机、坦克和其他武器的生产，加紧进行各项战备工作。

6月24日，法国海军司令达尔朗给舰队下达命令："在敌军或英军试图接管舰只时将舰只凿沉……任何情况下，舰只都不能完好无损地落入外国人之手。"

下午 6 点的英国内阁会议决定，阻止法国舰队驶离英国港口，公海上的法国船只全部被引到英国港口。晚上 10 点半的内阁会议讨论了歼灭法国舰队计划的可行性。丘吉尔一再强调不能指望有关法国当局凿沉舰队，不管法国从德国那里得到什么保证，英国都无法防止德国获取这些军舰，除非它们都被凿沉或者接受英国指挥。

6 月 25 日，英国本土部队总司令艾恩赛德将军制订了防御计划。该计划主要包括：在沿海敌军可能进犯的海滩修筑"覆盖式"战壕；建立一条穿过英国东部中心的反坦克障碍，由国民自卫军防守；后备部队部署在反坦克障碍后面，以便组织反击。英国本土部队总司令部设在伦敦，下设 7 个指挥部。

同一天，法国海军司令达尔朗请求英国准许停在英国港口的法国舰队离港，这加剧了英国人的疑心。停在达喀尔港的法国"黎塞留号"突然离开港口。英国政府马上命令海军部立即拦截或者俘获该舰。两天后，"黎塞留号"被迫回到原锚地。

6 月 26 日，丘吉尔就战时如何进行新闻报道的问题致信新闻大臣。他在信中说："告诉报界和广播电台：要用冷静的态度和逐渐使公众淡然视之的口吻报道敌人的空袭。刊载这类消息不应当用过分惹人注目的篇幅或标题，目的是让人民习惯于把空袭看作家常便饭。不要明确报道遭受空袭的地点，不要刊登房屋倒塌的照片，除非有什么极其特殊的地方或是能说明安德森氏家庭防空掩体多么有效，才可以刊登。应当明白，大多数人民根本受不到任何单独一次空袭的影响；如果空袭不到他们头上，他们对空袭就不会有任何可怕的印象。每个人都应当学会把空袭或空袭警报看作是一场雷雨。请你向报界权威人士阐明我的想法，并劝他们予以协助。如果这样做有困难，我愿亲自会见报业主协会的人，但我希望不需要我亲自去。截至目前，报纸对这件事的处理还是值得称赞的。"

同一天，意大利总理墨索里尼致信希特勒："元首，现在该打英国了吧。我向您再次重申在慕尼黑说过的意大利准备直接攻打不列颠的想法。我的陆军和空军已经准备就绪。"另外，法国政府作为德国的仆从国仍然会帮着攻打英国。

6月27日中午，英国召开内阁会议，决定对法国舰队下手，目的是"控制所有英国能接近的法国舰队，否则歼灭，时间暂定7月3日"。

自从法国投降后，其海军就成了德国海上力量的一部分。如果这支位居世界第4的海上力量与德国海军融为一体，那对英国将非常不利。为了削弱德国海上力量，丘吉尔在战时内阁做出了他自己认为是一生中"最违背天性"的决策，即"弩炮"作战计划。该计划要求，尽可能地解除法国舰队的武装，夺取、控制法国海军的舰艇，或使之失去战斗力，必要时可以将其击毁。

6月28日，丘吉尔要求英军参谋长委员会封锁可能遭受袭击的海滩，对东海岸的港口采取防御措施，在需要设防的海岸部署守备部队。依据受威胁程度，丘吉尔把英国南部设为"采取最高戒备措施地区"。1940年夏，英国本土有机场和油库324处，雷达站51座。海军在一些水域布设水雷，在便于登陆的海滩设置障碍。陆军挖掘反坦克壕，修筑混凝土掩体。另外，英国还实行"公民之战"，截至1941年2月，共建有250万个家庭防空洞。在伦敦，80%的人可以进入防空洞。

丘吉尔视察了可能遭到入侵的地区，在肯特郡和苏塞克斯郡观看了军事演习，在哈里奇和多佛尔视察了防御工事。他还视察了东北沿海一带，极大地鼓舞了当地军民的士气。为此，英国《泰晤士报》专门报道："在他经过一个小村庄时，人们很快认出了他，举帽和挥手向他致意。丘吉尔先生似乎处于最佳精神状态中，他对人们表示感谢，笑容满面……如果丘吉尔的微笑是一种表示满意的尺度的话，他诚然是很满意的。丘吉尔还视察了英国东北部的1个造船厂，在那里待了1个小时，也很快被认了出来，人们大声向他欢呼……工人们的妻子聚集在造船厂的大门口。丘吉尔先生被欢迎他的热烈气氛所感动，于是大声问道：'我们泄气了吗？'妇女们高喊：'没有！'"

◎ 大战一触即发

6月30日，德国空军总司令戈林下达对英空战的指示："在空军攻打英国后，第三、第五航空队统一步调，密切合作。对各航空队下达的指示必须包括明确的目标及攻击时间。除了给英国造成物质损失外，还应尽量突破英国的防御；暂时尽量避免对居民的杀伤；侦察机和小型编队同时试探敌军防御的实力和规律。摧毁敌地面部队，破坏敌航空工业，保卫德国本土安全；袭击英国港口及其设施，攻击给英国运送补给品的船只以及护卫舰。空战的最高原则是抓住一切时机发动攻击，不管是白天还是黑夜。"戈林明确指出，在消灭英国空军后，重点攻击英国的补给线和军事工业。

7月初，希特勒认为英国人会恢复理智的自信心开始渐渐消失。在希特勒眼里，丘吉尔是一个喜欢喝白兰地的农夫，而那些辅佐他的人则是顽固不化的蠢货。在去年9月战争爆发以来的10个月里，德意志帝国已将从波兰的布格河到法国英吉利海峡沿岸的整个北欧纳入了其统治之下，而海峡那边的英国人却偏偏对这一现实视而不见。他们的固执令希特勒大惑不解。希特勒十分恼火，他觉得丘吉尔这位英国老绅士太不给面子了。对于英国，希特勒既不想打也不得不打，于是决定先打一下逼其讲和，最后就可以放开手脚进攻苏联了。

丘吉尔利用其前任从未用过的广播方式直接向全国军民发表演说，以坚强的决心和必胜的信念激发大家的战斗意志。据估计，全国有 64% 以上的成年人收听了他于 7 月 14 日发表的广播讲话并深受感动。小说家兼诗人维塔·萨克维尔·韦斯特在给她丈夫的信中写道："我想，人们之所以被他所使用的伊丽莎白时代的词句所打动，原因之一就是人们感到，在这些词句背后，有着像一座坚强堡垒那样巨大的力量和决心，而绝不是字斟句酌、咬文嚼字。"

7 月 1 日，法国海军司令达尔朗在与美国驻法大使布利特的谈话时说："我决不会把舰队派往英国。因为英国人决不会归还法国舰队的任何一艘船只。如果英国赢得了战争，它给予法国的待遇不会比德国更慷慨。"

7 月 2 日，英国"H"舰队司令萨默维尔中将要求与法国海军上将让·苏尔面谈，遭到拒绝。让·苏尔统帅的舰队此时正停泊在地中海西端奥兰附近海面，该舰队是一支实力强大的舰队，包括法国最优秀的巡洋舰"敦刻尔克号"和"斯特拉斯堡号"，以及 1 艘航空母舰、2 艘战列舰和一大批驱逐舰等。9 时 30 分，萨默维尔向让·苏尔、向法国递交了英国政府的函件：

我们一定要做到：不能让法国海军最精锐的舰只攻打我们。在当前的形势下，英王陛下政府指示我要求现在在米尔斯克和奥兰的法国舰队根据下列办法之一行动：

（1）和我们一起行动，与德国和意大利法西斯侵略者战斗到底。

（2）裁减船员，在我们的监督之下开往英国港口……

（3）同我们一起开往印度尼西亚群岛的一个法国港口，例如马提尼克，完全按照我们的要求解除舰只武装。

……

假如贵国海军不接受这些公平合理的建议，我们谨以最深的歉意，要求贵国海军在6小时内将自己的舰只凿沉。最后，如果贵国海军没有遵照上述建议行事，我就只好根据英王陛下政府的命令，动用一切必要的力量，阻止贵国舰只落入德国或意大利之手。

萨默维尔和让·苏尔之间的谈判进行了一整天，仍然没有结果。在这种情况下，萨默维尔只能诉诸武力了。

17时24分，英国皇家海军"H"舰队向法国这支拥有岸上炮火掩护的舰队发起攻击。从"皇家方舟号"航空母舰上起飞的战机，向海面上的法军舰只投掷炸弹。英国舰炮轰击10分钟后，法军战列舰"布列塔尼号"被炸毁，巡洋舰"敦刻尔克号"搁浅，战列舰"普罗旺斯号"冲上了沙滩，巡洋舰"斯特拉斯堡号"逃走。

同一天，在英国的朴次茅斯和普利茅斯港，英国海军突然出动，以迅雷不及掩耳之势控制了所有停泊在2个港口的法国舰只。除"苏尔古夫号"上有极少量死伤外，其余舰只均顺利移交。在亚历山大港，法国舰队司令戈德弗鲁瓦和英国舰队司令坎宁安经过长时间谈判后，同意放出所有舰船上的燃油，卸掉大炮装置主要部分，并遣返部分船员。

7月4日，丘吉尔在英国议会下院说明了政府被迫采取控制法国舰队的原因。他说，英国海军之所以这么做的原因是：法国方面在保证舰队不落入德国人之手、保证将俘获的约400名德国飞行员送往英国、保证不单独签署停战协定、保证将停战文本事先通知盟国等问题上没有一项承诺予以兑现。

7月7日，意大利外交部长齐亚诺在柏林拜会希特勒。希特勒对齐亚诺说："我也倾向于继续作战，用愤怒和钢铁的风暴袭击英国。不过，最终的决定还没有作出。正因为如此，我推迟在国会发表的和平演说，我需要权衡演说的每一个字的分量！"

齐亚诺拜会完希特勒后，与德军统帅部总参谋长凯特尔做了一次长谈。

凯特尔同希特勒一样，向齐亚诺谈到进攻英国的问题。他说，到目前为止，还没有作出最后的决定。他认为登陆是可能的，但又考虑到这是一场"极其困难的战斗，必须要非常谨慎，因为能够得到的有关这个岛国的军事准备工作和沿海防御工事的情报少得可怜，而且也很不可靠"。

对大不列颠的飞机场、工厂、主要交通枢纽进行大规模的空袭，还比较容易做到，而且也有必要，但是也应该考虑到，英国空军的战斗力极强。凯特尔推测，英国人准备用于防御和反攻的飞机约有1500架。他承认，英国空军最近大大加强了攻击行动。执行轰炸任务时准确异常，而且出动的飞机一次就达80架之多。然而，英国非常缺少飞行员，而目前袭击德国城市的那一批飞行员又不能由那些完全未受过训练的新飞行员来替换。凯特尔极力主张进攻直布罗陀，以便瓦解大英帝国体系。至于战争要持续多久，凯特尔和希特勒都没有提到。只有希姆莱偶然说过，战争应该在10月初结束。

同一天，美国驻英大使馆发布特急警告："这可能是战前最后一次呼吁美国公民回国。"大多数美国公民听命回国，也有许多美国人出于对希特勒倒行逆施的深恶痛绝和被英国人民的勇敢精神所感动，决意留下来和英国人民并肩战斗。留下的美国人组建了美国第一国民警备中队。该中队有60多人，中队长为美国人韦德·海斯将军。他们一律身着佩戴红肩章的英国国民队队服。

　　7月8日，英军航空母舰"赫尔米兹号"向停泊在达喀尔的法军战列舰"黎塞留号"发动了进攻。"黎塞留号"被1枚空投鱼雷击中，受到重创。停泊在法属西印度群岛的法军航空母舰和2艘轻型巡洋舰经谈判，根据与美国达成的协议解除了武装。这样，法国海军的作战能力基本丧失。希特勒企图依靠法国海军增强自己海上实力的美梦彻底破灭。

第三章 "海狮"计划

　　英国广播公司的播音员兼记者德尔默听了希特勒的演讲后义愤填膺，在没得到政府许可的情况下，直接用德语对希特勒说："对于你所呼吁的什么理智与常识，让我来告诉你，我们这些英国人是怎么想的吧。元首先生，我们要把它扔还给你，塞进你那张恶毒的臭嘴里！"

◎ 战鹰大比拼

英德双方的战斗机辗转翻滚，激烈混战，发动机尖厉的吼叫声和机枪的射击声、高射炮弹的爆炸声连成一片。在英国战斗机的驱逐下，德国轰炸机惊慌失措，仓皇投弹，海面溅起一股股冲天水柱。

1940 年夏，德国空军随时可以参加战斗的飞机约有 4500 架，英国皇家空军只有 2900 架。仅从数量上看，德军显然占有绝对优势，然而德军飞机的质量存在着不少薄弱环节。

德军最好的中型轰炸机是"容克 –88"，这是一种航程为 2100 公里、声音刺耳的高速轰炸机。虽然这种飞机的性能不错，但是它刚刚投入生产。这样一来，德国空军中型轰炸机的主力就只有"多尼尔 –17"和"海因克尔 –111"了。这两种型号的飞机航程都比较短，而且某些角度容易受到战斗机的攻击。

德军还有一种轰炸机是"容克 –87"俯冲轰炸机，又称"斯图卡"式俯冲轰炸机，在对付波罗的海上的波兰军舰、维斯杜拉平原上的波兰部队、挪威沿海的英军运输船以及比利时和法国的盟军步兵时，十分有效。该机在俯冲时可以清晰地瞄准目标，俨然一种从空中对目标射击的火炮，弹着点极为准确，而且它的机翼能发出一种令人毛骨悚然的尖叫声，在轰炸目标时能给敌人造成恐慌。"容克–87"式俯冲轰炸机的缺点是没有向后方射击的武器，这样便无法赶走从后面进攻的敌机，而且由于它的载弹舱在机身下面，由载弹舱引起的空气阻力使它的俯冲速度相对放慢，每小时的最大速度只有240公里。这样，面对快速进攻的战斗机，"容克–87"式俯冲轰炸机简直是不堪一击。用英国皇家空军飞行员的话来说，它一旦离队俯冲，就会像蜜糖招苍蝇那样引来敌方的战斗机。

二战时期的德军轰炸机

　　德国空军主要的战斗机是庞大恐怖的"梅塞施密特–109"（简称"梅–109"），它的最大时速为560公里，是当时世界上空军现役飞机中速度最快的。但是，由于德国空军的战略是突出援助地面部队的轰炸机优势，所以没有生产足够的"梅-109"型战机。"梅-109"型战机在自由飞行作战对付英国的战斗机时，用于击落英国的轰炸机，发挥相当出色，但是戈林坚持把它作为护航，用于护卫那些将在英国投下毁灭性炸弹的轰炸机编队。这样一来，就大大限制了这种战斗机作战效能的发挥。"梅-109"有一个致命的弱点，即航程太短。这种单引擎飞机，只能携带飞行80分钟航程的燃油。即使让它从离英国最近的法国基地起飞，在上升到足够的高度并飞到英国海岸也需要30分钟，返回基地再用30分钟，在英国上空作战的时间就只有20分钟了。在不列颠之战中，大量的"梅-109"型战斗机没有飞回并不是因为它们被击落，而是因为耗尽了燃油。

为了弥补"梅-109"型战斗机的不足，德国空军生产了"梅-110"型战斗机。这是一种航程几乎为"梅-109"两倍的双引擎战斗机。不过，它的最高时速仅为540公里，与即将和它作战的英国"喷火"式飞机相比，每小时慢了50公里。"梅-110"型战斗机还有一个缺点，那就是体形大，不能很快提速，容易被发现并受到打击。

德国空军虽然存在着很多不足，但集中在被占领地区用以对付英国实施最后一击的庞大机群，仍是一支令人恐惧的力量。戈林和他的将军们完全有理由相信，这支空中力量马上就会使英国人屈服。参战的德国飞行员们也认为，在德国空军与胜利打开入侵英国的大门之间所存在的，只不过是一道虚弱的皇家空军防线。

接下来，说一下英国皇家空军的情况。自二战爆发以来，"飓风"式飞机一直是英国皇家空军的主力机型。这种飞机坚固可靠，就像一种能在空中飞行的炮台。较早的型号装有8挺机枪，后来又增加了4挺。到了1940年，有些飞机还装上了 20 毫米口径的火炮。但是这种飞机有三个严重的缺陷：第一，比德国的"梅–109"的速度稍慢一些；第二，有效飞行的最高限度比"梅–109"低；第三，它有一个盲点，敌机可以利用这个盲点从上方偷袭。

英国皇家空军的"挑战"式战斗机，跟"飓风"式大小相近，但它没有"飓风"式座舱后的盲点，并且尾部装有 1 座 4 挺机枪的装甲炮塔，火力范围很广。它的飞行速度和爬升速度较慢，且缺乏灵活性。

英国皇家空军还有一种主力战机，它有皇家空军的空中"利箭"之称，是不列颠空战中的明星，那就是"喷火"式战斗机。"喷火"式战斗机是由超马林公司的 S 系列水上飞机改装而来的，有良好的研制基础，因此它的性能比"飓风"式战斗机更加出色。"喷火"式战斗机装有一台世界名牌发动机，即英国罗尔斯 – 罗伊斯最新型 PV-12 水冷活塞发动机（后改称"梅林"发动机），它的强大马力达到 1030 匹，带动一副 4 叶螺旋桨。它的气动布局和构造设计十分成功，不仅赋予其漂亮的外形，而且拥有良好的性能。它的机头呈半纺锤形，这使得机身正面阻力较小。发动机安装在带支撑架的防火壁上，背后是半硬壳结构的中、后部机身。这是英国第一种设计成功的采用全金属蒙皮的作战飞机。

"喷火"式战斗机的最大特点是采用了独特的椭圆平面形悬臂下单翼。这种形状的机翼设计与制造都很费时，因此获得了最佳升阻比。加之相对厚度较小，使其空气动力性能，尤其是速度得到最大限度的提高。为了减重，机翼翼梁与前缘蒙皮组成封闭的厢形结构，增加了结构比强度，而且左右机翼分别用螺栓与机身连接，没有贯通一体。机翼内用于贮藏燃油、安装主起落架和全部射击武器，翼下安装水冷却器。驾驶舱居机翼后、机身中央，配有半水泡型舱盖，视界较好。"喷火"式的飞行性能，在二战期间始终是一流的，与同期德国主力机种"梅-109"相比，除航程、装甲、俯冲时的供油等方面略有不及外，在最大时速、火力强度，尤其是飞行机动性方面均遥遥领先。由于"喷火"式的翼载较"梅-109"低，因此在与采用"高速进入，一击就跑"战术的德国战斗机格斗时，常能通过机动夺取攻击主动权，以达到保存自己、消灭敌人的目的。"喷火"式战斗机可以在战斗中迂回到"梅-109"型战斗机的侧翼或混战中绕到"梅-109"的后面发起进攻，这使它具有决定生死存亡的优势。

在不列颠空战中与"喷火"式交过手的德国王牌飞行员（驾驶"梅-109"）奥斯特曼中尉曾说过："'喷火'式战斗机非常灵活，适合飞特技，翻筋斗、做横滚，并能在做这些特技的同时进行射击。可把我们吓坏了。"不过，"喷火"式也有一个严重的不足，它的引擎没有注入燃料的功能。因此，当"喷火"式进行垂直俯冲时，容易突然熄火，造成机毁人亡。

英国不仅在飞机质量上超过德国，而且还有一个空军力量倍增器——雷达。英国官员把他们的雷达系统叫作"看不见的堡垒"。德国人虽然也知道雷达，但不幸的是他们把发展雷达系统的计划交给了海军。德国海军将领们也觉得雷达在海上侦察中很重要，但他们没有意识到其在空战中的重要性，所以投入的研究和生产力量远远不够。他们把自己的雷达系统称之为"弗莉娅"。"弗莉娅"是条顿民族的传说中专门保护战死者的女神。

1940年夏，在英国各地的雷达站里，监测人员已经开始警惕地注视着祖国上空了，从英吉利海峡沿岸的顶西端一直到北海。这些雷达站监视德军飞机在被占领的法国上空的活动，并把这些飞机的活动报告给伦敦城外本特利修道院的皇家空军战斗机指挥部的中心监测室。

◎ 空战开始

7月10日，德英不列颠空战正式拉开帷幕。德国空军总司令戈林动用了第二、第三、第五航空队共3021架飞机空袭不列颠。第二航空队司令为凯塞林元帅，司令部设在比利时的布鲁塞尔附近，负责突击英国东南部的广大地区；第三航空队司令为斯比埃尔元帅，司令部设在巴黎市郊，负责突击英国西南部地区；第五航空队司令为施登夫大将，司令部设在挪威，负责突击英国的东北部。在荷兰、比利时和法国北部的德军第二、第三航空队，共有轰炸机1232架、俯冲轰炸机406架、远程侦察机65架、战斗机1095架。在挪威的第五航空队有轰炸机138架、远程侦察机48架、战斗机37架。

英军参加抗击德军空中进攻的主力是战斗机航空兵，共有4个航空队。第十航空队司令为布兰德空军少将，辖4个中队，有战斗机48架，负责西南地区；第十一航空队司令为帕克空军少将，下辖22个中队，有战斗机228架，负责东南地区；第十二航空队司令为利·马洛里空军少将，辖14个中队，有战斗机 168 架，负责第十和十一航空队以北的中部地区；第十三航空队司令为索尔空军少将，辖 14 个中队，有战斗机 168 架，负责北部地区。英国战斗机航空兵共有 54 个战斗机中队，共 648 架战斗机。

为了夺取制空权，确保"海狮"计划的实施，戈林把进攻英国的战役分成 3 个阶段：第 1 阶段主要在英吉利海峡上空进行，目的是击沉英国的所有商船，打击皇家海军的舰只、基地和设施，将企图阻止德国行动的英国皇家空军战斗机予以消灭或逐出空域；第 2 阶段是大规模攻击英国空军，通过庞大的轰炸机和战斗机综合闪电战，摧毁皇家空军的机场、防御工事和飞机制造厂；第 3 阶段，德国空军将掩护协助"海狮"计划的实施，由帝国的混合武装占领英伦三岛。

戈林预计，第 1 阶段征服英吉利海峡的作战不会太困难，用不着动用第二、第三航空队的全部力量。因此，他们将这项任务交给了两个飞行队，一个是洛泽将军领导的飞行中队，基地在加莱－多佛尔海峡；另一个是由俯冲轰炸机头号专家里希特霍芬将军指挥的飞行中队，基地设在勒阿弗尔。德国空军的战略家们认为，第 1 阶段最易得手的部分是封锁 30 多公里宽的多佛尔海峡，从大西洋驶来的所有英国船队必须通过这里进入伦敦港。封锁多佛尔海峡的任务，交给了洛泽将军的部下芬克上校。

这一天，英格兰岛的大部地区下着倾盆大雨，只有紧挨英吉利海峡地区的东南部和多佛尔一带乌云密布，小雨连绵。中午刚过，海峡上空的云雾掀开一角，偶尔露出一片晴空。飞行在海峡上空的德国侦察机突然发现了一支英国大型沿海护卫船队，从福克斯顿驶往多佛尔，船队上空还有英国战斗机护航。戈林不顾天空低云密布，立即调集 20 架轰炸机和 40 架单发或双发（动机）战斗机在空中组成一个立体编队，向英国海岸扑去。

多佛尔位于英格兰肯特郡，与法国加莱中间隔着多佛尔海峡，相距 35 公里。早在 4 世纪，多佛尔就修建了要塞。11 世纪，诺曼人在此修建城堡，曾是世界上五大港之一，1278 年正式命名为多佛尔。1898—1909 年，英国在多佛尔修建海军基地。1923 年，改为民用。二战期间，多佛尔港遭到德军炮击和轰炸。战后，多佛尔市得到重建，滨海地区得到恢复。多佛尔沿岸有 32 公里长的崖壁。多佛尔港是英国最大的客运港和主要的渡峡港口，有轮渡与法国联系。海峡悬崖东侧有罗马人建造的古城堡和灯塔，在法国的加莱都能看到。

入夏以来，德军的侦察机部队按照司令部的命令，经常对英吉利海峡的船只进行侦察。肩负侦察任务的德军飞机尽管不想陷入英军战斗机的活动半径之内，但有时候在搜索海峡航行的船只和侦察气象时，也会误闯英军战斗机追击的范围。德军海峡轰炸机队指挥部响起阵阵电话铃声，该指挥部在法国加莱西边的格里奈角的一辆公共汽车上。德军轰炸机队指挥官芬克接过电话，听到英国船队航行的情报后，立即对助手说："不准英国船只离开海峡！"芬克马上向轰炸机大队下达战斗出航警报，出动 1 个"梅 –109"战斗机大队护航，"梅 –110"驱逐机大队也飞向英国船队。

英国船队发现德军飞机后，立即散开，全速前进。同时，船上的高射炮以密集的火力射向空中。在德军飞机编队附近，出现了一朵朵高射炮弹爆炸的烟云。与此同时，担任掩护船队任务的英国空军第二中队的 6 架"飓风"式战斗机在比金·希尔率领下腾空而起，飞行员们准确地向德机逼近。德军轰炸机飞行员见英军飞机不多，仍按计划对英国船队进行第一轮轰炸，商船周围立即炸起了一个个水柱。英军飞行员驾机在德军轰炸机后面紧追不舍。此时，德军飞行员为了干扰英军战斗机截击，实施左右机动飞行。然而，英军战斗机紧紧咬住德军轰炸机不放，把它死死套在射击环中，猛烈射击。

英国空军在数量上处于绝对劣势。正当英国空军拼死作战、寡不敌众的危急关头，突然有一群英军战机冲入德军机群，并向其疯狂扫射。原来，当德军飞机编队刚一出发，英国本土搜索雷达网的几个雷达站便发现了法国加莱上空有大批德机集结。于是，一大批英国"喷火"式战斗机立即从拉姆斯格特附近的曼斯顿机场起飞支援运输船队。这次空战，英军大获全胜，英国飞行员全部安全返回，船队闯了过去，只有 1 艘船被击中。

◎ 不屈的战斗

7月11日，希特勒在上萨尔茨堡召集陆海空三军高级将领开会，听取将帅们对入侵英国问题的意见。因为进攻英国，海军需要担任负责入侵部队渡海的任务，所以希特勒与海军总司令雷德尔上将做了一番长谈。

希特勒问："将军，你认为我计划在国会发表的和平演说会产生效果吗？"

雷德尔答："当然会产生效果，我的元首！特别是如果在演说之前能对英国做一次密集轰炸。我的元首，英国皇家空军正在对我国的主要海军基地进行破坏性的轰炸，我建议您命令空军立即动手对付英国！"

希特勒脸上浮起一丝满意的神情，接着又问："将军，你对进攻英国有何高见？"

雷德尔回答的语气中不乏局促："报告元首，我认为只要海军动用潜艇，空军对护航舰队进行袭击并对英国主要城市进行猛烈轰炸，以切断英国的海上运输，就能够迫使英国本土求和。因此，我的元首，我不赞成对英国发动登陆进攻。"

希特勒听罢，若有所思地说："没错，将军，我也认为登陆英国是最后一招。"

同一天，丘吉尔致电空军大臣："一般说来，轰炸机队的损失不应该这么重；轰炸不来梅，6 架飞机中只有 1 架飞回，这是最令人担忧的。对下列事项应付出很大的代价：（1）侦察德国港口及由德国控制的港口和河口的情况；（2）轰炸侦察发现的驳船和集结的船只。除此之外，远程轰炸德国，既要经常不断地进行，又要尽量节省飞机和人员。最重要的是建成大批轰炸机队，当前的数目是很不够的。"

这一天，德国空军司令戈林发布命令："攻击英国海岸护卫队，目的是引出英国战斗机。"英国歼击航空兵司令道丁识破了德军的意图，只派了一小部分战斗机应战，打一下就走。道丁要把在敦刻尔克和法国北部的损失夺回来，他要重新组建一支强大的战斗机部队。他需要的是时间，哪怕一个星期也好。所有迹象表明，德军即将进攻英国本土。道丁希望这一天来得越迟越好，这样他就更有把握用重建的英国战斗机部队对付入侵者。正因如此，道丁在每次战斗中慎重用兵，以致商船遭受不少损失。对此，英军战斗机飞行员无法忍受，他们感到对不起国民，多次请求起飞作战，均遭到道丁的拒绝。

德军 20 架轰炸机和 40 多架战斗机迅速升空，在进入英吉利海峡前就编好了战斗队形，扑向英国船队。升空后不久，德国飞行员就看到了英国船队。英国皇家空军 6 架"飓风"式战斗机正在为它们护航。此时，英国船队也发现了来袭的德军飞机。护航军舰上的高射炮以密集的火力射向空中，炮弹爆炸的烟云在德机周围绽放出朵朵"烟花"。担任掩护船队任务的英国空军第三十二中队的 6 架"飓风"式战斗机在希尔的率领下快速迎了上去。当他们看到强大的德机阵容时，不禁大吃一惊：德机共分三层，组成立体阵容，在 20 架轰炸机上面是一层近距离支援的"梅-110"战斗机，更高的一层是"梅-109"战斗机。

在英国战斗机的前方，恰好有一片积雨云，英机巧妙地进入积雨云中隐蔽起来，伺机躲过 20 架德国的战斗机群，然后向德机飞去。英军 3 架"飓风"战斗机直扑德军轰炸机群，另外 3 架则向"梅-110"机群猛冲过去，掩护对轰炸机的攻击。

德军轰炸机趁自己的战斗机缠住英国空军战斗机的空当，进行了第一轮投弹，在商船的周围炸起了一个个水柱。与此同时，英国海岸高射炮向德军轰炸机开火射击，但由于轰炸机处于其射程之外，基本没有什么效果。德军轰炸机开始绕圈，准备进行第二轮轰炸。英军飞行员驾机在德军轰炸机后面紧追不舍。此时，德军轰炸机驾驶员为了干扰英军战斗机截击，实施左右机动飞行，英军战斗机紧紧咬住德军轰炸机不放。

此时，大批德军战斗机冲来，英机眼看就要陷入包围之中。突然，空中又出现了几个英国皇家空军的战斗机中队向德军战机快速扑去。原来，在德军战斗机刚刚起飞时，多佛尔断崖上的英国雷达监测人员就在屏幕上发现了一大片信号。几分钟后，他们证实至少有 70 架德机正在飞来，并向设在本特利修道院的战斗机指挥总部作了报告。英军战斗机指挥部立刻命令附近战区的 4 个皇家空军大队的飞机紧急起飞，在多佛尔海峡上空会合，增援为船队护航的 6 架"飓风"式战斗机。

空战持续了 30 分钟。德军损失轰炸机 2 架，还有 2 架战斗机被击落；数量上处于劣势的皇家空军损失了 3 架战斗机，还有一艘小船被击沉。对于德英双方的第一次交战，英国一位史学家后来用英国人那种典型的轻描淡写的笔法写道，那是一场"轻松的战斗"。那个发出第一个警报的德国飞行员更富于诗意地说，他看见的是"一场壮观的激战……远远望去，飞机就像一串串葡萄"。双方都找到了自我满足的理由。英国人对不同战区的飞行大队协同作战感到满意，而德国人则为他们成功地引出了这么多敌机而高兴。他们认为，被引上天的飞机越多，英国皇家空军也就被消灭得越快。

◎ "海狮"出笼

7月16日，希特勒签署了第16号作战指令，命令德军开展对英国实施登陆作战准备的"海狮"计划。

元首兼国防军最高司令 元首大本营

国防军统帅部／国防军指挥局／国防处 1940 年 7 月 16 日

1940 年第 83160 号绝密文件

仅传达到军官

第 16 号指令

鉴于英国从不考虑军事上的绝对劣势，没有半点求和的迹象，所以我决定对英国实施登陆作战。如有必要，即可付诸行动。

此次行动的目的：摧毁英国本土作为继续对我作战的基地。如有必要，即对其完全占领。

为此，我命令：

一、从拉姆斯盖特到怀特岛以西地区的宽大正面上，出其不意渡海登陆。到时，空军部队将当作炮兵部队使用，海军部队将当作工兵部队使用。至于在实施总登陆前局部占领怀特岛或康沃尔伯爵领地是否合适的问题，可以站在国防军各军种的角度分别进行研究，并将研究结果向我作出报告。

我保留作出最终决定的权力。

8 月中旬前，请务必完成整个作战行动的准备工作。

二、准备工作包括创造可以在英国登陆的条件。

1. 务必在士气和事实上彻底打垮英国空军，使其在德军横渡海峡时组织不起有效的空中力量。

2. 开辟无水雷航道。

3. 以密集的水雷封锁多佛尔海峡两端及奥尔德尼岛－波特兰一线海峡西部出入口。

4. 以强大的海岸炮兵控制濒陆海区，并实施炮火掩护。

5. 渡海行动开始前不久，最好能将英国海军力量牵制在北海和地中海，务必争取以空袭和鱼雷攻击来消耗英国本土的海军力量。

三、指挥和准备工作。

各位总司令先生根据我的命令和指令，指挥各自的兵力。

从 8 月 1 日起，陆军总司令、海军总司令和空军总司令各自的指挥参谋部必须位于离我的大本营（齐根贝格）50 公里范围内。

我认为，将陆军总司令和海军总司令相互间联系较多的指挥参谋部一并设在吉森为宜。

陆军总司令请务必通过一个集团军群总司令部指挥各登陆集团军。

此次行动的代号为"海狮"。

在准备和实施"海狮"行动的过程中，国防军各军种分别担负下列任务：

1. 陆军

为第 1 拨上船的所有部队拟订作战计划和渡海计划。第 1 拨渡海的高射炮兵在接受掩护地面部队、掩护各登陆港口及掩护即将占领的空军基地等任务前，暂归陆军指挥。

另外，陆军应将渡海器材分配给各渡海集群，并与海军协商确定登船地点及登陆地点。

2. 海军

提供渡海器材，按照陆军的要求将渡海器材送到各登船地点。如有必要，可征用战败国的舰船。

海军应在每个渡场设立为航海咨询服务的海军参谋部，并为其配备护卫舰和警戒部队。除执行监视任务的空军部队外，海军应保障整个海峡通道的畅通。至于行动期间指挥关系的调整问题，将会下达有关命令。

另外，还要组建海岸炮兵。统一调配陆军和海军所有用于对付海上目标的炮兵连，统一组织射击指挥，这些是海军的任务。尽快尽可能多的重型火炮掩护通道和翼侧免遭来自海上的英军袭扰。为此，还可以调派铁道炮兵（缴获的所有可供使用的火炮予以补充），将铁道炮安装在铁道炮塔的转台上；不必动用预定仅限于对付英国本土目标的（K-5 和 K-12 型）火炮连。还有，务必将面对多佛尔海峡的超重型要塞火炮连配置在混凝土工事中，使之能经受住最猛烈的空袭，以便使其在任何情况下都能持久地控制多佛尔海峡；技术性工程由托特组织承担。

3. 空军

（1）防止敌军空袭。

（2）彻底摧毁对登陆地段构成威胁的海岸工事，粉碎敌地面部队最初的抵抗，击垮敌推进中的预备队。空军部队务必与陆军各渡海集群保持密切的协同。

（3）破坏敌军可用于前调预备队的重要运输线，袭击开进中的离渡场较远的敌海军力量。请就伞降和机降部队的使用情况向我提出建议。与陆军研究一下，伞降和机降部队作为紧急情况下迅速投入使用的预备队可否合适。

四、法国至英国本土间建立通信联络的必要的准备工作，由国防军通信主任负责。通信部队与海军共同敷设余下的 80 公里东普鲁士电缆。

五、请各位总司令先生尽快向我呈报：

1. 海军和空军为强渡海峡创造条件的计划（可参看第二条）；

2. 组建海岸炮兵连的具体措施（海军负责）；

3. 关于投入使用的舰船吨位和筹集与调配舰船的方法方面的情况（海军负责）；

4. 渡海部队和渡海船材集中地区的对空防御组织情况（空军负责）；

5. 陆军的渡海与作战计划，第 1 拨渡海部队的编制及装备情况；

6. 海军和空军为实施与掩护渡海作战和支援登陆而确定的编制及措施；

7. 关于伞降与机降部队使用的建议，关于在英国占领足够地区后高射炮兵的指挥隶属关系方面的建议（空军负责）；

8. 关于陆军总司令和海军总司令的指挥参谋部位置的建议；

9. 陆海空三军关于在登陆前是否采取局部行动及采取何种局部行动的意见；

10. 陆军和海军关于渡海期间指挥问题的建议。

（签字）阿道夫·希特勒

希特勒在第16号指令中用了一个关键字眼"如有必要"。这说明，此时的希特勒仍期待着英国人能接受他的"和平"意见。希特勒的"海狮"计划与戈林和米尔契之前制订的空军入侵英国的计划相比，虽然没有那么轰轰烈烈，但其构想要庞大得多，它拟以多达25万人的德国陆军在英国南部海岸长达320公里的宽阔战线上登陆，只有少量的入侵部队使用飞机运送。大部队由改装过的内河驳船、拖船、汽艇和较大的运输船运过英吉利海峡。他们将分三批到达，首先抢占滩头阵地，继而向内陆推进，首要目标是切断伦敦与英国其他地区的联系。德军一旦占领伦敦，即刻由秘密警察"盖世太保"逮捕2000名英国的首脑人物，从丘吉尔到作家赫胥黎和沃尔夫及演员科沃德，并将所有17~45岁身体健全的英国男子拘禁起来，运往欧洲大陆。

对于"海狮"计划，德军高级将领大都表示赞同，唯有海军总司令雷德尔还有一些忧虑。他所忧虑的除了德国海军在挪威受过损失外，主要是他看到他身边的战略家们把"海狮"行动仅仅看作是一次渡河计划，只不过这一次宽一些罢了。那些战略家们似乎不懂得，德军乘风破浪渡过 40 多公里白浪滔天的英吉利海峡进入英国本土，与攻过 1 公里宽的维斯杜拉河进入波兰或渡过 2 公里多宽的莱茵河打进法国，有着天壤之别。

雷德尔认为，德军对一般的渡河作战已经很熟练了，只需要对此作两处修改：一是用德国空军的轰炸机代替地面的炮兵；二是让海军承担运输任务，而这项任务过去通常是由陆军运输部队完成的。

德军高级将领这种轻率的态度，使雷德尔十分震惊。他深知，由海路登陆这种作战方式，德军并没有仔细地训练过。他明白，德国海军并不具备保护和维持"海狮"计划在 320 公里宽的正面实施登陆作战所需的船只。当他提出缩短战线时，陆军将领们反驳说，这等于把他们的军队直接送进绞肉机。

对于将领们的分歧，希特勒决定将战线比原定的缩短一些，减掉怀特岛以西的地区。尽管雷德尔的疑虑仍然未被打消，但德国陆军深信"海狮"计划能够成功。德国陆军总司令布劳希奇和陆军总参谋长哈尔德都向希特勒保证，将全力以赴执行这个作战计划，而且一定能够取得胜利。然而，雷德尔却提出了一个非常关键的要求：在"海狮"计划实施前，空军必须先削弱英国空军的战斗力。

◎ 没有上钩

7月19日，英国皇家空军9架"挑战"式飞机从面对海峡的前线机场霍金吉起飞，遇上了从太阳方向飞来的20架"梅-109"。几乎就在一瞬间，5架"挑战"式就栽进了海里，第6架想飞到多佛尔去却在熊熊火焰中坠毁。这个飞行中队的另外3架飞机被皇家空军111"飓风"式中队营救出来。"飓风"式飞机击落了1架"梅-109"，并且挡住了其他德机，直到最后德军因燃料耗尽返回法国。

不列颠之战虽然远远没进入高潮，但英德双方飞行员打得都很艰苦。双方空军的绝大多数飞行员每天有12个小时以上处于戒备状态，等待着起飞的命令。在肯特、萨西克斯和汉普郡的海峡沿岸战区，英国皇家空军的飞行中队一天要执行4次飞行任务，每次侦察一个半小时。战斗机的近距离交战是你死我活的斗争，这种短兵相接的战斗持续时间虽然很少超过15分钟，但是激烈的程度超出常人的想象。

这一天，希特勒在柏林的克罗尔歌剧院召集了一次引人注目的国会会议。国防军的将军们在剧院的前排就座，包厢里挤满了各国外交官。希特勒出色地扮演了一个伟大征服者的形象。他一改以往那种歇斯底里、大喊大叫的风格，以十分温和的语调在演讲中大力颂扬德国在这场战争中已取得的胜利。随后，希特勒将话锋转向英国对待战争与和平的态度上：

　　我从英国仅仅听到一个呼声：战争一定要打下去！然而，这并非人民的声音，而是政客的声音。我不知道这些政客对于这场战争继续下去会有什么结果，是否有一个正确的概念……

　　先生们，请相信我，对于这种毁灭整个国家的无耻政客，我深恶痛绝的……毫无疑问，丘吉尔先生将会去加拿大，那些叫嚣战争的政客的金钱和子女早就送往加拿大了。可是，无数人民的大灾难将由此开始。这一次，丘吉尔先生可能会相信我的预言：一个伟大的帝国——一个我从来不想毁灭甚至不想伤害的伟大帝国，将遭遇灭顶之灾……

　　如今，良知让我再一次呼吁英国和其他国家拿出理智和常识来。我自认为我还是有资格做出这种呼吁的，因为我并非摇尾乞怜的战败者，而是理智说话的胜利者。我真是看不出为什么要将这场战争继续进行下去。

当天晚上，德军飞机飞到英国，撒下了印有希特勒演讲全文的传单。传单上说，"帮你们了解你们的政府掩盖的事实"。希特勒多此一举，其实英国广播公司早已全文播发了这篇演说，并将希特勒的讲话全文刊载在报纸上。对于希特勒的战争恐吓，英国政府认为非但没必要进行封锁，相反应当让全体英国人民知道，使其有所准备。

就在希特勒结束讲演后不到一个小时，英国广播公司便做出了一个强硬而又完全自发的回答。英国广播公司的播音员兼记者德尔默听了希特勒的演讲后义愤填膺，在没得到政府许可的情况下，直接用德语对希特勒说："对于你所呼吁的什么理智与常识，让我来告诉你，我们这些英国人是怎么想的吧。元首先生，我们要把它扔还给你，塞进你那张恶毒的臭嘴里！"

7月20日，意大利外交部长齐亚诺会晤希特勒时说："英国报纸对元首昨日演说的反应表明，根本没有取得谅解的前景。"希特勒强调说："德国的战略地位及其努力范围和经济控制范围早已大大削弱了英国抵抗的可能性，因此在第一个回合里英国就会崩溃。空袭已在几天前开始，并且在不断地加强。敌人的防空设施和战斗机的迎击不能有效地阻止德国的空袭。我们已经做好了充分准备，现在正在研究如何发动决定性的攻击。"

同一天，英国皇家空军在与德军的交战中，有6位飞行员阵亡，是英德空战以来伤亡人数最多的一次。德军欣喜若狂，英吉利海峡上空的战斗似乎正在按德国人希望的方向发展。

7月21日，希特勒在柏林召开海陆空三军高级将领军事会议。希特勒踌躇满志地对他的将领们说："英国已经没有希望了，我们胜利在即。"接着又说："要立即结束战争，最好的办法就是实施'海狮'行动，跨过英吉利海峡登陆英国。靠偷袭是不行的，德军的后勤供应问题无法解决。"

希特勒一通高论后，向海军总司令雷德尔问了一连串问题："关于登陆的准备工作，你们什么时候完成？海岸的炮队阵地什么时候准备完毕？对越过海峡登陆作战，海军能提供什么掩护？"

雷德尔辩解道："大部分陆军都要靠驳船运送，而驳船必须从德国国内大老远拖来，这需要很长时间。德国海军拿什么同英国海军打呢？目前，我们可供作战的船只仅剩48艘快艇、1艘重巡洋舰、4艘驱逐舰和3艘鱼雷艇。在空中优势没有形成之前，德国海军不敢去英吉利海峡！"

希特勒沉默良久后，命令雷德尔尽快把工作报告送来，并称"海狮"行动的重担落在了海军身上。

希特勒跟雷德尔说完后，面向与会者，继续说："苏联正跟英国谈判，目的是想让英国继续参加战争并最终把我们拖垮，以便争取时间扩军备战。斯大林越来越过分了，这家伙只需暗示丘吉尔苏联不想让德国变得过于强大，丘吉尔就会像快淹死的人一样，重新获得希望。"

在希特勒看来，《苏德互不侵犯条约》仅仅是将苏德战争爆发的时间向后延迟一些而已。希特勒最初的计划是先灭掉苏联，现在他却要忙于对付英国。希特勒在西线取得的战果虽然丰硕，却使英国人更加团结。德国对法国维希政府采取的扶持政策也土崩瓦解，德国从来没有得到法国海军的支援。

希特勒尽管对海军有些失望，但仍然信心十足，坚信英国会投降。于是，他下令加强反对英国的宣传战。希特勒认为，消灭社会主义，扩大德国人生存空间的时刻到了。他命令陆军制订攻打苏联的计划，要彻底消除社会主义对德国的威胁，最好于1941年5月向苏联发动总攻。

德国陆军中的反对派们认为，希特勒的这种打法会腹背受敌，一战中导致德国战败的就是两线作战。然而，这不是将军们在讨论问题，而是希特勒的决定。希特勒命令陆军立刻以"建设东方"为代号，制订进军计划。

这时，狂妄自大的空军总司令戈林吹嘘，只用空军就可以征服英国。陆军高级将领们认为只靠空军，就算再加上海军，都征服不了英国，而要想达到这一目的除非陆、海、空三军协同作战。

德军最高统帅部只得按照希特勒的指示，加紧制订"海狮"计划的细节，主要以德国空军发动空中进攻，破坏英国的战争潜力和国家体制，以迫使英国投降。整个 7 月份，德国空军频繁袭击英吉利海峡的英国舰只和英格兰南部港口。这只不过是试探性的，其目的是引诱英国战斗机作战，然而英国空军没有上当。

◎ 决不停止战斗

7月21日，空军总司令戈林下达指令，要求大规模袭击英国船只。同时，戈林会见了第二、第三和第五航空队的司令官。他告诉这些空军将领，在开战前，德国空军要派小部队袭击英国，大部队用来攻击运输船队和英国海军。

戈林明确禁止轰炸英国南部海岸港口与海港设施，因为海上登陆部队登陆时需要用到这些设施；明确禁止第九空军师沿英国南部海岸布雷，德国空军考虑到了在英国实施登陆的可能性。最初，德国空军参谋长耶舒昂纳克发现，希特勒并不想登陆英国。然而，形势发生了剧变，德军最高统帅部又下达了命令，要求马上做好海上登陆英国的准备。实施海上登陆的主要条件是夺取英国南部的制空权。

德国空军的主要攻击目标没有变，英国的航空工业只是其辅助性的攻击目标。空战初期的目的是打击英国空军的士气，沉重打击英军的补给及人员，使英国无力对抗。一旦达到这些目的，德国轰炸机和俯冲轰炸机就可以在有利的条件下消灭英国海军，并攻击陆军。大不列颠空战拖了很长时间才开始，原因是德国在进攻法国及盟军敦刻尔克大撤退期间，德国空军倾巢出动，兵力受到严重削弱。德国空军拥有的前线轰炸机由 3 月 30 日的 1102 架减少为 6 月 29 日的 841 架，另外超过 10% 的飞机损坏。截至空战前，德军一线作战的轰炸机才增加到 949 架。在 4 月至 6 月的三个月中，德国空军共损失 2694 架飞机，包括 337 架侦察机、795 架战斗机、976 架轰炸机、187 架攻击机、242 架运输机、90 架水上飞机和 67 架通信飞机。

此时，德国空军的主要任务是集结空军地面部队，大量补充人员和装备。许多空军部队驻扎在德国，要等法国占领区的机场扩建完工后才能接受任务。所有这些工作都需要耐心地等待。在紧张的空战准备阶段，德国空军有节制地袭击英军，只对铁路、码头、仓库和飞机制造厂、机场等发动空袭。德军第九空军师在英国港口、海路附近布雷，袭击运输船只。

空战前，德国空军力量达到历史最高峰。这种高峰在后期的战争中再也没有出现过。此时，德国空军部队的兵力如下：11 个战斗机联队，共有 1300 架单引擎的战斗机；2 个战斗轰炸机联队或者称之为重型战斗机联队，共有 180 架双引擎飞机；10 个轰炸机联队，共有 1350 架双引擎轰炸机。

德军飞行员技术高超，他们和机组人员均在空战战术方面受过良好训练。波兰和法国的战场经历让他们学到了很多东西。尽管他们充分意识到即将面临的残酷战斗，但士气仍然非常旺盛，充满着必胜的信心。戈林曾向希特勒夸口："一定把英国飞机从空中赶走，同时能够阻止英国海军干扰登陆。"于是，"海狮"计划就变成了以大规模空战为先导的行动，其主要目的是消灭英国空军。

7月22日，英国外交大臣哈利法克斯勋爵在广播中正式拒绝了希特勒的建议："除非自由确有保障，否则我们决不停止战斗。"然而，希特勒并没有放弃最后一线希望，他派人继续进行外交斡旋。8月3日，瑞典国王认为和英国政府商谈此事的时机已经到了，企图先试探一下英国的态度，但英国外交部照样给予了强硬的回答。在英国外交部发言人发表谈话后，丘吉尔向新闻界发表了一项声明："希望大家了解，德国企图进攻的可能性绝没有完结。德国人正在散布谣言，说他们不打算进攻，对于他们所说的话，我们历来表示怀疑，对于这个谣言就更应该加倍怀疑了。我们感到，我们的力量在日益增长，准备也日益充分，但决不能放松丝毫警惕。"

英国人的这种强硬的态度，令许多德国人难以置信。"你能理解那些英国傻瓜吗？"他们不禁互相询问，"现在还拒绝和平，他们是不是疯了？"尤其是哈利法克斯在广播中拒绝了希特勒的和平建议后，德国政府发言人更是向新闻记者们大呼小叫："哈利法克斯勋爵已拒绝元首的和平建议。先生们，要打仗了！"

英国人的民族反抗精神和钢铁般的意志，令德军参谋部的大部分人惊讶不已。与此同时，德军的高级将领们也松了一口气，因为事到如今，他们又可以大开杀戒了，又可以使纳粹的战争机器再度运转起来了。

第四章　鹰日行动

傍晚，沿海地区的小型空战结束。这一天，德军的第二和第三航空队在强有力的战斗机护航下，投入了300架俯冲轰炸机。这仅仅占德军空军投入的俯冲轰炸机总兵力的三分之一，真正大规模的空战还没有开始。

◎ 为空战，各有准备

对于希特勒 7 月 19 日的演说，虽然英国人不以为然，可是那些好战的德国将领却为之一振。因为希特勒在演说时宣布，他要把手下的十几位将军提升为元帅，以嘉奖他们在征服波兰和法国时的战绩。被提升的十几位元帅中，有 3 位空军将领：米尔契、凯塞林和斯比埃尔。其中最兴奋的当数空军总司令戈林，因为他得到了一项特殊的奖励。希特勒亲自宣读了对戈林的嘉奖令："鉴于他对胜利所作的重大贡献，我特此授予德国空军的创始人大德意志帝国的帝国元帅的军衔，并授予铁十字勋章。"

在德国军队的历史上，从未有人得到过这种军衔。为了纪念这个非比寻常的时刻，戈林专门在他柏林的住处莱比锡格宫举行了一次晚宴。

7 月 24 日，英国开始向海外运送国家银行储备的黄金。第一批黄金装上"埃默拉尔德号"巡洋舰，运往加拿大，后来又接连用军舰或快速商船将黄金分批运抵加拿大港口。然后，再由重兵把守、戒备森严的专列把这些黄金转运到蒙特利尔大金库。为保密起见,这笔黄金在运送期间的代号为"鱼"。这是有史以来最大规模的金融运输,也是最大胆的一次金融运输。英国人实在是太幸运了,自始至终竟然没有一艘运输黄金的船只遭到德国海军袭击。这笔财富后来被英政府用来购买美国舰艇等装备和物资,在保卫大不列颠的战争中发挥了极其重要的作用。

面对即将来临的大战,英国政府开始了一系列疏散行动,以充分减少物资和人员在战争中的损失。英国政府将撤离和疏散儿童的工作列为最紧急的任务,并且建立了专门负责儿童撤离的机构——英国儿童海外接收委员会。

撤离伦敦的计划有条不紊地进行着。近 5000 名 5~15 岁的孩子被船运到大英帝国自治领地,近 2000 名儿童被撤运到美国,还有 2666 名儿童等待撤运。与此同时,在英伦诸岛,孩子们也正被撤出伦敦等城镇以及东南沿海地区。美国政府照会德国政府,要求保证撤运英国儿童舰船的行驶安全,遭到希特勒的无理拒绝。

7 月 27 日,丘吉尔致信海军大臣亚历山大:"大批托运的枪炮和弹药正源源而来,除那个加拿大师以外,我们过去海运的任何物资都不能与这批军火相比。不要忘记,这 20 万支步枪就意味着 20 万人,因为大家正等待着这些枪支。运送的船只在 7 月 31 日抵达,这实在是好得很,应该尽最大的努力保证它们安全到达。损失这些枪支和野炮将是一件最不幸的事。当那些载运极其珍贵的武器的船只从美国抵达我们的海岸时,特备的火车早已在各个港口等待装运了。各郡、各镇和各村的国民自卫军几夜通宵不眠,等着接收这些武器。男人和妇女日以继夜地装配这些武器以备使用。到 7 月底,从对付敌人的伞兵和空运着陆的部队来说,我们已经是一个武装起来的国家了,我们现在已经变成一个'马蜂窝'了。不管怎样，如果我们不得不进行战斗，我们的许多男人和一些妇女手里有了武器。"

在整个 7 月，德国空军总司令戈林接到一份又一份关于英国皇家空军伤亡数字的报告。根据这些不实的报告，戈林得出了一个错误的判断：不列颠战役的第一阶段已经打赢了，英吉利海峡已经被德国空军封锁，皇家空军已受重创。然而，实际情况恰恰相反，沿海岸航行的英国船队仍在海峡行驶，而且还将继续这样做；皇家空军 7 月底的前线战斗机比月初时还要多，仅在这一个月里，英国工人就生产了 496 架战斗机，是敦刻尔克撤退之前一个月生产量的 4 倍。这说明，德国空军远远没有达到他们预期的目标。

7 月底，戈林得意扬扬地把统计的战果清单交给了希特勒，并请求为这个战役的第二阶段准备力量。希特勒看到戈林的战果统计不禁大喜，戈林果然没有让他失望。

7 月 31 日，希特勒召集三军将领在贝格霍夫开会。会议讨论有关"海狮"计划的问题。德国海军总司令雷德尔在会上说军需已经准备好了，驳船的改装工作会在 8 月底完成。但是运输船的情况不好，总是受到英国空军的阻碍，不如把登陆英国的日期推迟到 1941 年 5 月。

希特勒反驳说，等这么长时间会使英国扩充陆军，还可使英国从美国那里得到更多的军事物资。他命令戈林，集中航空兵轰炸英格兰南部，若在一周内摧毁英国空军和海军以及主要港口，便可以在 9 月 15 日执行"海狮"计划，否则只能延期到明年 5 月。

当雷德尔离开后，希特勒叹道："德国海军只有英国的 15%，英吉利海峡越来越宽了。在 6~8 个月内，如果苏联被消灭，到那时德国就成了欧洲大陆的主人，这样就可以转过头好好收拾英国了。把苏联消灭，越快越好，中间不能停下来，不能犯拿破仑犯过的错误，千万不能被苏联的冬天消灭。"

此时，希特勒的心情特别好，他接着说："这一次德国要派 120 个师参与'东方'计划，首先拿下基辅，再拿下莫斯科，最后发动进攻巴库油田的战役。"

同一天，为争取美国更多的援助，丘吉尔向罗斯福发去一封电报。

总统先生：

自从上次我冒昧以个人名义给你发电报以来，已经有一段时间了。这中间发生许多事，有好事也有坏事。如今到了非常紧急的时候，请你让我们获得我们以前所要求的驱逐舰、汽艇和飞艇。如今，德军占领了法国全部海岸，他们经常从那里派出潜艇和俯冲轰炸机袭击我们的商船和粮食运输船。此外，我们的海军需要经常准备击退可能从英吉利海峡来的进攻，还要警惕从挪威向爱尔兰、冰岛、谢特兰群岛和法罗群岛的袭击。另外，我们还要控制地中海的出口，如果可能的话，还要控制整个这个内海，从而制止战火波及非洲。

我们已经在建造大批的驱逐舰和驱潜舰，不过在今后 3~4 个月里，我们的舰只不够应付上述战争，关于这一点我在上次的电报中已经说清楚了。近来，我们的船只遭到敌人的空袭，损失严重。

近 10 天，我们被炸沉的驱逐舰多艘，它们分别是："布拉曾号""科德林顿号""第莱特号""鸱鸺号"；还有这几艘被炸伤："猎犬号""朔风号""光辉号""格里芬号""蒙特罗斯号""沃波尔号""怀特西德号"。这一切竟然发生在敌人企图登陆之前！驱逐舰容易受到敌机的轰炸，但是它们还得必须在遭受空袭的地区巡航，以防止来自海上的袭击。我们经受不起长时间这样的损失，假如得不到强有力的增援，则战争将很可能由于这个次要的而且容易弥补的因素而遭到失败。

我已将我们当前的处境和盘托出，现在你已清楚了我们的形势，相信你一定会竭尽所能，立即给我们送来50或60艘贵国最旧的驱逐舰。我们会以最快的速度给它们装上潜艇探测器，以便在西部航道上对付德国的潜艇，从而使我们能够把比较新的和炮火较好的舰只部署在英吉利海峡，以防敌军偷袭。

总统先生，我是怀着无比崇高的敬意向你说明这一切，这是目前的当务之急。明年我们将造出大批舰只，可是在1941年之前，危机就要来临。我相信，你将充分运用你手中的权力，不过我觉得我有资格并有义务向你阐明局势的紧迫性和严重性。

假如贵国答应借给我们驱逐舰，那么我们迫切需要的汽艇和飞艇也请随之给予。

我已经感觉到，如果能度过三四个月，则战争前途将很有希望。

空战方面情况良好。我们已击退了敌人的空袭以及对德国进行了轰炸。上述这些对希特勒来说，无疑是一次沉重的打击。不过，敌人的空袭使我们驱逐舰也遭受了沉重的打击，以致无法保护横渡大西洋的粮食运输和来往商船。

今晚，最近一批步枪、大炮和弹药的运输船队就要到达。专车早已到来，在等待将武器运送给部队和国民自卫军，他们如不大量杀伤敌人是决不会放下这些武器的。我坚信，由于你非常清楚海上的情况，你将不会让我们因为缺少这些驱逐舰而难以渡过难关。

前海军人员　温斯顿·丘吉尔

　　电报发出 3 天后，丘吉尔向英国驻美大使洛西恩也发去了一封电报："第二个办法，即把我们的一些基地让与美国，可以答应，不过我们宁愿无限期地租借而不愿意卖出。不言而喻，这将会使我们能够立即获得驱逐舰和飞艇。你应当让诺克斯上校和其他人知道，我们赞同这样的要求。"3 天后，丘吉尔收到洛西恩的回电：罗斯福先生期望就英国舰队将来的安排立即得到答复。

　　8 月初，英军设立了 3 道防线来阻击德军入侵："敌人的港口"为防御敌人的入侵的第 1 道防线，用空中侦察和潜艇监视获取情报，用一切兵力袭击德军船只；严密的海上巡逻为第 2 道防线，截击德军的入侵部队；德军登陆地点为第 3 道防线，组织海军和空军不断反击。最后是机动部队对登陆德军实施反击。

　　8 月 1 日，希特勒签署全面袭击英国空军的第 17 号作战指令。

元首兼国防军最高司令　元首大本营

国防军统帅部／国防军指挥局／国防处 1940 年 8 月 1 日

1940 年第 33210 号绝密文件

仅传达到军官

第 17 号指令

为了创造迫使英国投降的有利条件，我打算比过去更猛烈地对英国本土实施空中和海上攻击。

为此，我命令：

一、德国航空兵部队倾其全部力量尽快击毁英国空军。攻击的目标，首先是英国的航空兵部队及其地面设施、后勤设施，其次是英国的航空工业，包括生产高射武器的工业。

二、一旦取得暂时或局部的空中优势，继续对敌之港口尤其是对生活资料储备设施（包括内地的生活资料储备设施）实施空袭。

考虑到将来要采取的作战行动，对英国的南部港口尽可能少地实施空袭。

三、对英国战舰和商船的空袭应让位于上述任务。如果一旦出现了非常有利的目标，或者可扩大上述第二条规定的空袭效果，或者发动这种空袭对训练以后参战的机组人员有必要，则另当别论。

四、在战场空战中，空军应能随时派出足够强大的兵力支援海军部队的作战，并可以随时攻击临时出现的有利目标。此外，空军还必须为"海狮"行动保留一定的战斗部队。

五、关于发动恐怖性袭击以作为报复一事，将由我决定。

六、自 8 月 5 日起，可以将空战升级，具体时间由空军总司令根据完成准备工作的情况和天气情况自行决定。

同时，海军可以采取既定措施升级海战。

（签字）阿道夫·希特勒

德军最高统帅部选用"鹰袭"作为从空中全面进攻英国的代号。至于全面空袭开始的具体日期——鹰日，希特勒并没有做出具体规定，他只说"自8月5日起，可以将空战升级，具体时间由空军总司令根据完成准备工作的情况和天气情况自行决定"。

◎ 惨烈的一天

8月2日，戈林在东普鲁士的一幢豪华乡村别墅卡琳庄园召集空军高级将领们开会。参加会议的有刚提升为元帅的米尔契、凯塞林和斯比埃尔。会议开始没多久，第二航空队司令凯塞林和第三航空队司令斯比埃尔就争吵起来。

按照任务区分，战斗打响后，凯塞林和斯比埃尔分别领导的第二、第三航空队将充当先锋，这两个人本来就互不服气，此时他们的观点出现了重大分歧。

凯塞林主张，所有兵力应集中在一个目标上——即伦敦。他说："如果我们炸死几千个伦敦佬时，英国人肯定会喊着求和。"斯比埃尔不同意凯塞林的观点，他阴沉着脸反驳道："在没有摧毁英国皇家空军的情况下把所有兵力用于进攻伦敦，会上英国人的当，因为这样一来皇家空军就可以把它的战斗机部队全集中在首都周围，进而严重破坏我空军轰炸机的大规模进攻。"斯比埃尔的参谋长戴奇曼在一旁帮腔："这样做将极其危险，因为轰炸机将要飞出'梅-109'飞机的护航范围之外。"凯塞林反驳："按照我国空军的现有力量，如果不集中攻击伦敦，根本不可能达到目的。"

此时，戈林提醒与会者，希特勒特别说过伦敦市区在轰炸范围外，这样才平息了这场争吵。

凯塞林仍然不服气地说："空军的进攻应集中在别的某个大城市，而不应该按斯比埃尔所主张的分散兵力进攻多个目标。对于皇家空军基地和军需品工厂，可以在以后摧毁。"

凯塞林的观点显然不符合希特勒的想法，戈林当然不会采纳。为了缓和会议的紧张气氛，戈林提出先休息一下，去游泳。他们来到了室内游泳池，可是还没等下水，两人又在游泳池边吵了起来。凯塞林大发雷霆："我从未想过这样打英国，我一直认为要想打胜就应该占领直布罗陀，把英国人淹死在地中海里，这样他们才会求饶！"

8月6日，戈林继续在卡琳庄园召集空军将领开会。戈林在会上宣布："从现在开始，对英国空军防卫力量的攻击将要逐步加强，直至摧毁皇家空军。德国空军将全力以赴进攻英国，此次行动开始的时间称为'鹰日'，即8月10日。"

戈林还宣布说："我已告诉元首，英国皇家空军将被及时消灭，以使我们的'海狮'行动能在9月15日之前进行，那时，我们的士兵将在英国登陆。"

戈林补充道："我认为我给空军用来消灭英国皇家空军的时间绰绰有余，我们一定能在9月15日之前使英国陷于不堪一击的绝境。"

当有人提醒戈林不要低估了英国皇家空军的力量时，他傲慢而轻蔑地说：

"德国在各个方面都高人一等，无论是飞行员的素质还是飞机的性能。何况德国空军在数量上与英国皇家空军相比至少是 2：1 的优势，所以我们后备力量充足。"

会后，戈林向德国空军各部队下达了随时准备全面出击的命令。德国空军飞行员跃跃欲试，一些人把不列颠岛的地图画在机身上，并加上"伦敦——8 月 15 日——完蛋"的标记。

就在德军下达全面空袭英国命令的同一时刻，英国的情报机关便截取了这一情报，并报告了首相丘吉尔。丘吉尔随即通知皇家空军：德国空军的大举进攻就要开始了。

8 月 7 日，丘吉尔找来外交大臣哈利法克斯商谈跟美国合作的事宜，他说："我认为事态十分清楚，我们没有使英国舰队投降或自行凿沉的意思。的确，这样的命运更可能落到德国舰队或其残部的头上。我们不能容忍任何关于本土万一被占领我们将何以处之的讨论。在入侵的前夕，这一类的讨论也许会有害于目前如此高昂的群众情绪。此外，我们绝不可陷入这样的境地：让美国政府到时可以这么说：'根据我们把驱逐舰给你们的时候达成的谅解或协议，我们认为现在已经到了你们把舰队开到大西洋这边来的时候了。'我们应当拒绝发表任何像他们提出的那种声明，把这项交易仅仅限于殖民地租借。"

同日，丘吉尔还给英国驻美大使洛西恩发去一封长电报：

我们迫切需要的那五六十艘驱逐舰，希望尽快交付。这三四个月中，美国借给我们驱逐舰是对我们最好的帮助，这比其他任何形式的帮助都有效。你应该知道，我们非常愿意将西印度群岛的海军和空军基地无限期地租借给美国，这种无偿租借的基础是大不列颠和美国的海军和陆军双方的共同利益。

诺克斯上校若提出这种性质或类似这种性质的建议，前提是立即把上述驱逐舰交与我们，我们将欣然接受。但是，这件事和任何有关英国舰队将来归属的磋商或声明毫无关系。我们显然不可能就这一问题发表任何声明，也不同意美国发表任何声明。我在给你的密电和致罗斯福总统的电报中，曾一再强调：假如敌人入侵大不列颠成功，吉斯林式的政府在英国成立，并为战后残存的民众争取尽可能优渥的条件，那时美国将面临什么样的危险。我发现，大家已经意识到这种危险的严重性，这让我感到非常欣慰，所以你绝对不能有意无意地缩小这种严重性。

美国政府对上述问题的焦虑不安是有理由的，我们不要减轻他们这种不安的心情。再说，就我们的立场来说，我们不愿把我们的崩溃作为讨论的题目。几星期前，我曾跟你说过，没有正当理由讨论任何有关英国舰队转移到美国或加拿大海岸的问题。我甚至禁止任何参谋人员谈论这一问题，更不允许有任何技术上的准备，就算是作一个计划也是不允许的。

另外，我要特别提醒你，我们绝不能同意为了获得急需的驱逐舰或类似驱逐舰的舰只而发表这种声明。请你立即表明这一点：涉及我们的行动自由，我们绝不会做哪怕是最轻微的让步，也绝不允许发表任何相关的声明。因为这样做，后果是不堪设想的。

尽管我在 6 月 4 日的演说中认为，最好是让德国人认识到无限期海战的前景，可是我们不能容忍任何中立的友邦来谈论这一问题。当然，如果美国参战的话，就成了我们的盟国，我们将会与他们并肩作战，并在这场必胜的战争中，在任何时候都将主动提出和他们协商如何采取最妥善的部署。你在同罗斯福总统的第一次谈话中，就曾预见到了这一点。当时你跟我说，你断言，除非美国成为同盟国成员，我们绝对不会把英国舰队的一兵一卒送往大西洋对岸。

8月8日，英国皇家空军歼击航空兵司令道丁向战斗机指挥部的成员发布了一项重要命令："不列颠战役就要开始了。皇家空军的成员们，几代人的命运就掌握在你们手中了！"

这一天，德国空军的进攻明显加强。从清晨开始，"施图卡"式飞机就不断袭击英吉利海峡上的一支庞大的船队，而其他的轰炸机则在英国南部海岸几乎所有的港口外投放水雷。汉普郡、萨西克斯郡、肯特郡以及海峡上空的战斗异常激烈。

黄昏时分，德英双方加起来共起飞了1000多架次飞机。在这一天的战斗中，德国空军损失了31架飞机，皇家空军损失了19架。可谓德英空战以来最为惨烈的一天，也是双方飞机损失最多的一天。

◎ 鹰日前的空战

8月10日，英国南部狂风大作，夹着雷电的乌云低悬在英吉利海峡和法国北部上空。随后两天的天气不是多云就是有雾，根本无法起飞。此时，德国空军飞行员已经整装待发。几天拖下来，他们开始烦躁不安，士气受到很大影响。戈林知道，如果这样下去，会造成官兵心理上的松懈，影响战斗士气。于是，他决定将"鹰日"后延，宣布8月13日为"鹰日"。

德国海军参谋部作战日记记载："'海狮'作战计划的准备工作，尤其是扫雷工作，由于空军停止活动而受影响，空军目前因为天气恶劣不能出动，而且由于海军参谋部所不知道的原因，空军曾经失去了最近极为有利的机会。"

8月11日，鲁本斯德尔法上尉指挥第二〇一实验大队首次以战斗机轰炸了英国"战利品"海岸护卫船队。当德军的战斗机出现在船队上空时，英国人一看是战斗机，觉得没什么了不起。不料德机进入超低空飞行，接着便投下了炸弹。结果两艘大船的甲板和上部建筑被炸，船身严重损伤，陷于瘫痪。

第二〇一实验大队是德国空军唯一的一支实验部队。一个月来，该大队在海峡轰炸机部队司令芬克上校的指挥下，一直在执行封锁英国船队航线的任务。在这期间，他们经过反复试验，验证了戈林迫切想知道的问题，即战斗机能否携带炸弹，能否用炸弹发动攻击并命中目标。

8月12日，天气开始放晴，多佛尔海峡上空能见度良好。碧空白云下，一队德军混合战斗机编队贴着海面向西飞去。驾驶战机的鲁本斯德尔法上尉清楚地看到了英国海岸的悬崖峭壁。当鲁本斯德尔法的战机飞到海峡中间时，他对着话筒下达了命令："第三中队注意，前往执行特殊任务。预祝成功！"

第三中队长海因茨中尉接到指令后，率领8架"梅-109"式飞机直接飞向多佛尔。鲁本斯德尔法带着12架"梅-110"式飞机向左迂回，沿着英国海岸飞向西南。实验大队的任务是炸毁英国东部和南部海岸的雷达站，打掉英国皇家空军的耳目，以便更好地实施"鹰袭"作战行动。德国人之所以在"鹰日"之前发动这次空袭，是因为几个月来，德军一直在有组织地监听英军的无线电通信和雷达使用情况。通过监听，德军吃惊地发现，英国利用部署在本土的海岸低空搜索雷达网，可以清楚地知道德军飞机出动的情况，使德军丧失了空袭的突然性。戈林明白，在"鹰袭"作战行动中，德国空军要想改变同英国皇家空军作战的不利地位就必须先炸掉英国的沿海雷达站。因此，德军的这次攻击行动既是"鹰袭"作战的准备，也是不列颠之战的序曲。

鲁本斯德尔法上尉看了看表，时针即将指向11点。12架"梅-110"同时改变方向飞往西北，直扑英国海岸。第二〇一实验大队各中队接近海岸时散开，迅速奔向各自的目标。卢茨中尉带领第一中队从伊斯特本刚进入英国本土，就发现了英国的"佩文西"雷达站。6架"梅-110"式飞机开始缓慢爬升，由于在两个机翼下分别挂着500公斤炸弹（相当于俯冲轰炸机挂弹量的2倍），所以爬升就不那么灵活了。

当光学瞄准具对准4根天线塔中最近的1根时，卢茨中尉第一个投下了炸弹。驱逐机群像一阵突然刮起的暴风掠过雷达站上空。有8颗500公斤重的炸弹命中了目标，其中1颗直接命中了细长的天线塔，还有1颗炸断了主电缆。于是，电波中断，"佩文西"雷达站静默无声。

在卢茨中尉袭击"佩文西"雷达站的同时，第二和第三中队正在袭击另外2个雷达站。

由勒西格中尉率领的第二中队袭击黑斯迁附近的"拉伊"雷达站，炸毁了地面上的全部建筑。由海因茨中尉率领的第三中队袭击了多佛尔附近的雷达站，有3颗炸弹落在了天线塔附近。尽管有2座天线塔被炸得歪斜，但都没有倒。

当第二〇一实验大队各攻击编队返航时，几乎都报告说完成了预定的任务。从空中可以清楚地看到，各目标都冒起了黑烟。然而，透过滚滚向上的黑烟，人们发现大多数雷达站的天线塔依然屹立不倒。英国人经过紧急抢修，仅仅在袭击3小时后，绝大多数雷达站相继开始工作。英国人将计就计，从被摧毁的雷达站废墟中发出假信号，使德军误以为轰炸确实摧毁了这些雷达站。

德军果然落入英国人的圈套，很快就放弃了对英国雷达站的攻击，这也为其最后的失败留下了隐患。事后，德军王牌飞行员加兰说："后来我们才意识到，皇家战斗机中队一定受地面某种新装置的控制，因为我们听到指挥'喷火'式和'飓风'式飞机同德国机群作战的命令是非常熟练和准确的。这种雷达和对战斗机的控制使我们感到意外，而且是非常惨痛的意外。"

德军袭击雷达站的预期目的尽管没有达到，但是同时开始的对英国战斗机部队前线基地的袭击却取得了很大成功。

13 时 30 分，德国空军向英国曼斯顿战斗机基地发动了猛烈攻击。实施这次攻击任务的是上午刚刚袭击了英国沿岸雷达站的鲁本斯德尔法上尉的第二〇一实验大队。由于此时英国雷达站还如同瞎子一样瘫痪着，因此鲁本斯德尔法编队战机的奇袭获得了极大成功。

当英军曼斯顿基地收到德机空袭的警报后只有 1 分钟，德军攻击的飞机就已飞抵机场上空。听到警报时，机场上的英国皇家空军第六十五飞行中队的驾驶员们飞速跳进"喷火"式战斗机的座舱，起动飞机。12 架飞机开始向跑道滑行，最前面的 3 机编队已经加大油门在跑道上进行起飞滑跑了。就在这一瞬间，德军飞机铺天盖地飞临机场上空。

这时，德国空军第二〇一实验大队第一飞行中队长卢茨中尉报告："敌战斗机都排在跑道上，我们的炸弹就要落在它们中间了！"

正在起飞的英军飞行员中有一个叫奎尔的中校，他从 1936 年起就当试飞员，驾驶技术高超。奎尔驾机正在向前滑行，忽然听到一阵巨大的轰隆声压过了他的飞机发动机声音，回头一看，原来是后面的机库被炸飞了。奎尔不顾炸弹的爆炸，顽强地滑进了跑道。此时跑道两侧不断有炸弹爆炸，烟雾笼罩着跑道。奎尔全然不顾，毅然开足马力在跑道上滑行起飞。奎尔驾驶的这架"喷火"式战斗机忽而被周围的硝烟吞没，忽而又像没事似的在跑道上奔驰。不一会儿，机轮咯咯嗒嗒的震动声消失，飞机终于离地飞了起来。其他"喷火"式战斗机也都在硝烟弥漫的曼斯顿机场以大迎角上升。

德军飞行员从空中看去，似乎机场上剩下的 4 架"飓风"式战斗机和 5 架其他飞机全部被炸毁了。炸弹在机库和机场宿舍爆炸，大火吞没了大部分建筑。英军第六十五中队的"喷火"式战斗机大部分奇迹般地幸免于难。不过，英军曼斯顿机场的损失惨重，空中的飞机只好遵照命令到后方机场降落。

傍晚，沿海地区的小型空战结束。这一天，德军的第二和第三航空队在强有力的战斗机护航下，投入了 300 架俯冲轰炸机。这仅仅占德军空军投入的俯冲轰炸机总兵力的三分之一，真正大规模的空战还没有开始。

◎ 光荣的 13 日

8 月 13 日，是戈林确定的"鹰日"。根据德国气象部门的预报，这一天的天气不好。清晨，风暴骤起。戈林立即下令取消既定的"鹰袭"行动。然而，戈林撤销行动的命令来得太迟，74 架"多尼尔"轰炸机和 50 架护航的"梅 -110"战斗机已经起飞去进攻皇家空军的机场和设施了。凯塞林赶紧通过无线电发出撤回的紧急命令。

接到命令后，"梅 -110"很快掉头返回，但是指挥"多尼尔"轰炸机的芬克上校决定继续前进。虽然护航的战斗机撤回后使他失去了保护，但他可以利用厚厚的云层作掩护。芬克很幸运，英国皇家空军的一支雷达小组算错了迎面而来的德机数量，把错误的情报送给了战斗机指挥部，因此指挥部没能派出足够数量的战斗机对付如此强大的德军轰炸机机群。结果，芬克的"多尼尔"机队突破英军防线，将炸弹成功地投到了伊斯特切奇机场。

在随后的战斗中，德军 4 架飞机被击落，4 架受伤，其余的飞机飞回了法国。返回后的芬克上校报告说，他们瘫痪了英国皇家空军一个主要战斗机机场，并摧毁了地面上的 10 架"喷火"式飞机。伊斯特切奇机场由二线战斗机和一些轻型轰炸机驻守，虽然机场受到了重创，不过 10 小时后就恢复使用了。

到 14 时，天气逐渐开始好转。德军第一飞行训练团第五驱逐机大队接到起飞命令。23 架"梅－110"战斗机在隆隆的轰鸣声中陆续升空，向英国海岸飞去。德军庞大的飞机编队通过法国的瑟堡上空时，被英军的雷达发现，而且报出的兵力数字相当准确。然而，英国人从雷达信号上没有判断出即将飞临的入侵飞机是轰炸机还是战斗机。尽管如此，英国人还是充分做好了迎击的准备。"喷火"式战斗机飞行员坐在驾驶舱里，随时准备起飞。

林斯贝尔格上尉率领 23 架"梅－110"战斗机，保持着整齐的战斗队形。在越过英国海岸线时，处在编队最后的一架飞机突然发出警报："后方发现'喷火'式飞机。"这一声警报使德国飞行员们顿时紧张起来。他们知道：尽管他们的飞机上有 4 挺机枪和 2 门机炮，火力相当厉害，可是多少显得有些笨拙的"梅－110"不是"喷火"式战斗机的对手。

林斯贝尔格率先按编队部署开始转弯。但是，在他还没有完全转过来的时候，英国战斗机突然高速从后方追了上来。见到此情景，林斯贝尔格马上向右一拐，巧妙地避开了"喷火"式飞机的火力。但是另一架"梅－110"战斗机就没有林斯贝尔格走运了，它想用俯冲动作规避"喷火"机的攻击，速度却没能一下子提起来，被英国飞机紧紧咬住，打了个凌空开花。不一会儿，又有 2 架德机被击中，拖着黑烟栽入海中。

当林斯贝尔格上尉的驱逐机大队返回基地时，损伤过半，有 5 架被击毁，

10 多架中弹受伤。

对此，戈林大发脾气，他绝对不能容忍空军出现这种情况。

15 时，德国空军又一个庞大机群向英国海岸飞去。这个机群有 150 架轰炸机，并由一支"梅-109"战斗机编队护航，目标是袭击英国的南安普敦港口。英国皇家空军派出了 4 个中队迎战。在进攻的德军轰炸机当中，既有"施图卡"飞机，也有双引擎的"容克-88"飞机。在"容克-88"飞往南安普敦的航线上，英国皇家空军负责守卫的只有"布伦汉姆"战斗机。这种飞机由"布伦汉姆·马克4型"轰炸机改装而成，与装满炸药的"容克-88"比起来，"布伦汉姆"战斗机的时速慢了 16 公里，白天作战这样的速度是不行的。

德英两支空中编队在港口附近不期而遇。德军的"容克"飞机在与英军的"布伦汉姆"战斗机的交火中占有优势，它们在击伤了几架"布伦汉姆"战斗机后，一路呼啸着向南安普敦港扑去。到达港口上空后，"容克-88"的炸弹滚滚而下，大面积的码头和仓库被摧毁或着火。不过，德国的"施图卡"飞机就没有那么幸运了，它们遇上了"喷火"式飞机。13 架在海峡上空侦察的"喷火"式战斗机穿过为"施图卡"护航的"梅-109"俯冲下来，与 40 架"施图卡"战斗机腾升俯冲，穿梭交织，机枪疯狂地扫射，机炮喷着冒火的弹头。

"喷火"式飞机不仅有远远超过"施图卡"的空战性能，而且占据顺光优势。如此一来，"施图卡"只有招架之功毫无还手之力。9 架"施图卡"转眼间被击落，还有几架受伤，其余则胡乱丢下机上的炸弹，匆匆逃走了。

英国皇家空军这次空中大捷是第六〇九中队的杰作。该中队一名飞行员对这次战斗进行过一番评论，他的此番评论后来被写进了皇家空军的记录里，他说："今年光荣的 12 日我没能脱开身去打猎，但是光荣的 13 日却是我有生以来射猎成果最大的一天！"（笔者注：8 月 12 日是英国人射猎松鸡的季节正式开始的日子，英国人称这一天是"光荣的 12 日"。）

德军在"鹰日"这一天出动飞机 1485 架次，而英国皇家空军只起飞了 700 架次。德国飞行员回来报告说，他们成功地袭击了英国皇家空军的 6 个机场和其他一些设施，摧毁了地面数十架飞机，消灭了几座小工厂，并瘫痪了南安普敦港。事实上，英国只有 3 个机场遭到严重破坏，而且都不是皇家空军的主要战斗机基地。

德军飞行员向戈林报告说击落了大量英国战机，这让戈林感到十分振奋。当天晚上德军最高统帅部发表的战报宣布，英国皇家空军有 88 架战斗机被摧毁——其中有 70 架"喷火"式、18 架"布伦汉姆"式。戈林接到报告说，德国空军仅仅损失 12 架飞机。这位帝国元帅欣喜若狂地下令，战区所有飞行员吃饭时加饮香槟酒。然而，戈林并不知道，他所得到的"鹰日"战果，被大大虚报了。双方的真正损失是：英国皇家空军只有 13 架战斗机被击落，德国空军则损失了 23 架轰炸机和 11 架战斗机。

这一天的空战从清晨一直持续到日落。德军的战术几乎全部归于失败，英军航空兵司令部岿然不动。英国皇家空军和高射炮部队击毁德机 75 架，自己损失 28 架战斗机，13 架受伤，这些飞机的飞行员中只有 12 人丧生。更重要的是，德国空军由于情报部门的无能未能摧毁一个在防空中起关键作用的机场。另外，由于从斯堪的纳维亚起飞的飞行编队遭到了英国毫不客气的回击，戈林在此后的对英作战中再也没有使用空军第五航空队。然而，德国空军的损失几乎没有对英军航空兵司令部造成任何威胁，并以为道丁的战斗机损失惨重，因此全力以赴地开始了对英国的全面进攻。在此后的 8 月里，德国每日进攻不断。道丁不断将飞行中队派往较平静的北部，然后再调回，巧妙地"轮换"兵力，以坚持伦敦周围及东南部的防御。

总的说来，德国空军针对英国皇家空军发动的"鹰日"行动没有达到预期的效果。8 月 13 日"鹰日"这一天，本是戈林炫耀空中优势、摧毁强硬英国的大好日子，没有想到却成了一个充满晦气的日子。对此，许多德国空军军官心里十分清楚。王牌空战专家里希特霍芬将军在日记里沉痛而又无奈地写道："直接打击失败了。"然而，空军总司令戈林却被"胜利"迷住了双眼，一个接一个的虚假情报使他对形势的判断出现了重大偏差。

第五章　空中厮杀

这一天的空战是史无前例的。从近距离的空战来看，以后也没有像这样惨烈的激战了。到晚上战斗结束，筋疲力尽的飞行员收兵时，德国空军已派出了1780架次飞机——其中有520架次针对的是英国皇家空军及其设施的空袭。

◎ 史无前例大空战

8月15日，是个星期四，英吉利海峡日丽风和，北海碧空如洗，是一个空军出动的好日子。德国空军总司令戈林决心抓住这个难得的机会，把这一天变成英国人的"黑色星期四"。

当天，驻扎在挪威和丹麦的德国空军第五航空队终于接到了空袭英国的命令。接到命令的第五航空队司令施登夫好像完全忘记了英国雷达的存在，也不知道英国人可以破译德国的密码。他决定飞过北海，对英国东北部泰思茅斯和约克郡北部之间的英国机场和飞机制造厂发动一次突然袭击。然而，施登夫的编队至少在到达之前的一个小时就被英国雷达跟踪了，因此，英国皇家空军的战斗机有足够的时间占据顺光的位置，以便向下俯冲攻击德军的轰炸机。

13时45分，德军第一波攻击，第二十六轰炸航空团2个大队共65架"海因克尔"轰炸机，在"梅–110"战斗机的护卫下，飞行在4500米的高度。

当机群接近英国海岸时，机上的无线电设备突然呼叫起来，敌情报告一个接一个："左侧发现'喷火'式战斗机""敌战斗机正从太阳方向飞来""我被敌机击中了"。

为"海因克尔"轰炸机群护航的是德军第七十六驱逐航空团第一大队的21架"梅-110"战斗机。这个大队作风顽强，战果辉煌，在德国空军中声名显赫。他们在1939年12月18日的德意志湾空战中，曾击落过当时盟军参战的大半"威灵顿"式飞机。在德军占领挪威时，也是该大队冒着对方密集的防空火网，最先降落和攻占位于奥斯陆的福内布机场。

如今，第一大队遇到了真正的对手。4架前导机飞在德军驱逐机第一大队的最前面，它们在轰炸机上空几百米处担任掩护。编队最前面的一架飞机是大队长雷斯特曼上尉的座机。他今天除了要指挥编队外，还担负着一项特殊的任务，即配合同机的侦听中队长哈特维希使用高性能接收机，监听英国战斗机之间的通信联络。德国人想以此为突破，掌握英国空军的防御体系，从而制定相应的战术及飞行航线等。

正当刚刚开始集中精力侦听时，1架英国"喷火"式飞机从太阳方向扑面而来。雷斯特曼刚要掉头进入迎战状态，即被对方击中。机身出现了十几个窟窿，随着高空气流的冲压，窟窿越来越大，致使飞机操纵十分困难。没过多久，这架指挥机便燃起大火，啸叫着一头栽进大海。大队长雷斯特曼上尉与飞机一起葬身大海。

十几分钟后，前来截击的英军第七十二、第七十九中队"喷火"式战斗机从四面八方向德机发起立体攻势。双方展开了一场你死我活的惨烈厮杀，不断有战机被击落或击伤。位于德军驱逐机编队尾部的里希塔中士被机枪子弹打伤头部而失去了知觉，他的飞机一个倒栽葱向下掉去。

过了一会儿，里希塔又清醒过来，在飞机刚刚掉到云层下面时，他又重新控制住飞机。尽管头部大量出血，他还是努力控制着飞机飞过北海，返回德占区，迫降在丹麦的埃斯堡。

此时，尤伦贝克中尉率领 5 架德军飞机掉过头来投入战斗。他们击中一架"喷火"式飞机，并看着它拖着长长的黑烟栽了下去。然而，英国飞机太多了，尤伦贝克只好命令他的几架飞机组成圆形防线。正在这时，一架"喷火"式飞机从尤伦贝克后方攻来，他的僚机施马赫准尉以准确的射击为他赶跑了这架"喷火"式飞机。在尤伦贝克中尉前面，戈洛布中尉咬住一架"喷火"式飞机，从后面悄悄接近。他描述当时的情景说："就这样，一直接近到离敌机 50 米处。射击的效果比侧面好得多。只见那架'喷火'式战斗机机头上仰，然后垂直栽了下去。"

没想到两三秒钟后，戈洛布中尉就被 2 架"喷火"式飞机咬住，机翼中弹，左发动机冒起黑烟停车了，他描述说："我俯冲躲进云层，2 架敌机仍然紧追不放。于是，我又提前改变了航向，并在 800 米至 1000 米高度拉了起来，甩开了敌机。13 点 58 分，在云下飞行时，我亲眼看见那 2 架'喷火'式飞机有 1 架冲进了海里。"此后，戈洛布用右发动机作单发飞行，安全返航。

在英国皇家空军战斗机的层层拦截下，德军第二十六轰炸航空团已无法找到预定的轰炸目标，只好把炸弹稀稀落落地投向海岸以及纽卡斯尔与桑德兰之间的港湾设施附近。

施登夫将军的另一编队第三十轰炸航空团的 3 个大队空袭成功。第三十轰炸航空团 50 架"容克 -88"式轰炸机在没有战斗机护航的情况下，在弗兰伯勒角一带越过海岸后，以云层为掩护，避开英军战斗机，直抵英军第四轰炸集团的德里弗菲尔空军基地。德军炸毁了英军基地上的4座机库和数处其他建筑物，12架英军轰炸机在地面起火。德军参加轰炸的50架轰炸机有6架被英军战斗机击落。

当施登夫将军的机群回到挪威时，一共损失了16架"海因克尔"和6架"容克-88"，这些飞机占施登夫全部轰炸机总数的20%。另外，还有7架"梅-110"战斗机被击落。

在英国南部空域，德军的"施图卡""海因克尔"和"容克-88"依次来往穿梭于英吉利海峡，轮番轰炸英国皇家空军的飞机场。从朴茨茅斯到泰晤士河口直至内陆伦敦远郊的比金山，许多飞机库着火，飞机跑道被炸得坑坑洼洼。在20公里的海岸线上空，每一处都在空战。

在这一天的战斗中，英国皇家空军本来可以有更多的战斗机升空作战，但是由于牺牲和受伤的飞行员太多，许多飞机因无人驾驶而不能起飞。幸存飞行员的起飞强度甚至达到最大限度。他们从黎明就守在飞机旁，等着命令他们紧急起飞的铃声。一仗下来，在飞机旁作短暂的休息之后又得马上起飞去迎战。过度的劳累使皇家空军飞行员疲惫不堪，他们几乎到了人的身体所能承受的极限。在地面上，劳务队不分昼夜地修补被轰炸过的基地和机场，以使它们以最快的速度重新投入使用。然而，经常是当劳务队刚把跑道修好，德国空军的轰炸机就会飞来再次把它炸个稀烂。

这一天的空战是史无前例的。从近距离的空战来看，以后也没有像这样惨烈的激战了。到晚上战斗结束，筋疲力尽的飞行员收兵时，德国空军已派出了1780架次飞机——其中有520架次针对的是英国皇家空军及其设施的空袭。德国人宣称，英国皇家空军有 12 个飞机场陷于瘫痪，99 架飞机在空中被摧毁。英国人也报道说自己摧毁了 182 架德国飞机。其实，德国空军击落的英国飞机数量是 34 架而不是 99 架；英国皇家空军击落的德国飞机也不是 182 架，而是 75 架。

飞机和飞行员的损失如此之大，令德英双方感到震惊。在被击落的德国飞机中，许多是由 3 人或 4 人机组驾驶的，而英国人的飞机多半是单座飞机，他们死了 17 名，伤了 16 名。尽管英国飞行员损失远比德军少，但对于本来就十分缺少飞行员的皇家空军来说，无疑是雪上加霜。

◎ 紧急求援

8月15日，丘吉尔致电罗斯福，向其表达了英国抗击纳粹德国的决心，以及感谢美国政府给予的帮助和支持。

总统先生：

我无意告诉你，当我接到你的电报时心情是何等的欣慰。我不知道如何才能报答你为了给予我们一切可能的援助而做出的种种不懈努力。我仍然坚信，你将尽自己的最大努力来帮助我们，你让与我们的每一艘驱逐舰的价值都是无法衡量的。然而，我们也很需要你所提到的摩托化鱼雷艇，和尽可能多的飞艇、步枪。你可知道，我们有100万人手中没有步枪。

在这生死存亡的紧要关头，贵国政府和人民给予我们的这些援助，在道义上的价值是无法衡量的。对此，我们不胜感激。

你提到的有助于你向国会和其他有关部门进行斡旋的几点，我们将一一照办。不过，如果我说，一定要保证如期让我们获得舰只和飞艇，我们才愿意这样做，相信你也不会对我有所误解吧。关于就英国舰队提出保证的问题，我正准备向你重申我6月4日在议会下院的讲话。我们一定会战斗到底，没有人愿意投降或者凿沉舰只来换取和平。当你引用我这一再提及的保证时，请记住，如果让人们产生这样一种印象，觉得征服英伦三岛及其海军基地是有可能的，那么，从我们的立场来看是极其有害的，就算从贵国的立场来看也是没有好处的。我们的人民斗志高昂，表现出了前所未有的坚定信念。上周的激烈空战大大加强了他们战斗到底的信心。

关于海军和空军基地的问题，我欣然同意你提出的租借99年的办法。对我们来说，这个办法比购买更容易接受。我相信，我们之间一旦就原则问题达成了协议，细节问题调整就可以从容地进行。另外，关于纽芬兰的基地问题，我们还需要同纽芬兰和加拿大政府进行磋商，因为加拿大跟这个问题也有利害关系。请放心，我们将马上征得他们的同意。

总统先生，请让我再一次由衷地感谢你对我们的帮助和鼓励，这对我们来说是非常非常重要的。

前海军人员　温斯顿·丘吉尔

英国驻美大使洛西恩认为丘吉尔的回电措辞恰到好处。他说，目前正好有一个机会，使罗斯福可以不经立法程序就能让与这50艘驱逐舰。这还不能肯定，不过，洛西恩认为，英国应当立即把驱逐舰的水兵派到哈利法克斯和百慕大去。如果美国驱逐舰准备停当而没有英国水兵把它们开过大西洋的话，这将在美国造成极坏的印象。而且，当英国水兵已在待命，这件事本身就有助于使美国国会感到情况紧急。

8月16日，罗斯福在记者招待会上发表声明："关于为保卫西半球尤其是巴拿马运河，而获得海军、空军基地问题，美国政府正在同英国政府磋商。此外，美国政府还同加拿大政府就西半球的防御问题进行了商谈。"罗斯福声称，美国将给予大不列颠某种东西作为交换，不过他还不知道这些东西究竟是什么。他曾不止一次地着重指出，关于空军基地的谈判，同驱逐舰问题没有任何关系。他说，驱逐舰不包括在将来的安排中。

罗斯福因为要充分考虑到美国国会和海军当局的意见，所以竭力对美国人民说明与英国的这笔交易非常有利：美国用几支陈旧的驱逐舰舰队，可在这危急时刻换取无限的安全。

8月20日，德国空军第一次空袭英国民间目标。当天，英国首相丘吉尔即对全国人民发表广播讲话："两年或三年，不算长，在一生中更是弹指一挥间。当我们在从事这一最美好的抵抗事业有幸成为整个世界自由的唯一捍卫者时，我们不能抱怨或厌倦……通向胜利并不像我们所想象的那么难。抗战之路不管多么坎坷，我们依然坚持到底！"

与此同时，丘吉尔在向英国议会所作的报告中指出："敌人在数量上远远超过我们，但是，我们新飞机的生产已经大大超过了他们，美国生产的飞机才刚刚运来。我们轰炸机和战斗机的力量，在经过了这样的几次战斗后，现在比以往任何时候都要强大。我们有理由相信，我们能够无限期地把空战继续打下去，敌人愿意打多久就同他打多久，而且打的时间越久，我们就越能迅速地在空中先与敌人接近势均力敌，然后转入优势，而战争的胜负在很大的程度上就取决于空中优势。"

8月22日，丘吉尔致电罗斯福，继续争取美国援助和支持。这封电报很长，但体现了丘吉尔高超的外交能力。

你为我们所做的一切，我们不胜感激。你我之间，我从来没有考虑到过诸如合同、讨价还价或售卖之类的事。我们的内阁会议决定向贵国提供大西洋沿岸的海军和空军基地设施，完全不以驱逐舰和其他援助为条件。我们认为，我们两国是患难中的两个朋友，理应竭尽所能，互相帮助。鉴于此，我们心甘情愿提供上述设施，并且没有任何条件。假如你明天发现移交驱逐舰有一定的难度，我们的决定仍然有效，因为我认为这是对我们双方都有益的事。

现在提出或者以任何方式承认你援助我们的军火是用来偿付上述海军和空军设施的，我认为这样做很不妥当，甚至很危险。这种概念一旦被接受，两国人民就会斤斤计较起来。他们将会以货币为标注衡量这些军火的价值，有人认为很值得，有人则认为很不值得。

除此之外，正如总统先生你所熟知的，每一个岛屿和每一个地点情况各不相同。比如，如果只有一个港口或一个据点，应该怎么划分，如何分享它的利益？这个时候，我们将会向你提出一个对双方都有利的建议，而不是锱铢必较，争得面红耳赤。

我们希望，以我们的一切使贵国获得安全的设施，使你在大西洋彼岸感到安全。当然，若贵国想加大资金以扩大规模，则必须获得长期租借的实际保证。

鉴于此，不论是关于此事还是关于舰队的前途，我都心甘情愿停留在我昨天议会所作的声明上。如果你能将希望得到的东西详细列举出来，我们将马上告诉你，贵国哪些能够办到，进而让我们的专家作出技术和法律上的必要安排。

另外，关于你认为可以给予我们的军火援助等，我们完全听凭你的裁决和贵国人民的意见。这完全是贵国对这一世界战争的看法，根据贵国的切身利益与这一战争的关系以及这一战争所要维护的事业而自行决定的事情。

这几天，虽然空袭开始减少，我们的力量日渐增长，但是我认为那个暴徒还没有把拳头完全伸出来。在我们通向海洋的唯一定期航线——西北航道上，大批商船遭受偷袭。假如贵国的50艘驱逐舰能及时到达，对我们将是一种前所未有的帮助。

与此同时，英国驻美大使洛西恩来电说，美国副国务卿萨默·韦尔斯先生曾告诉他，由于总统在宪法上所处的地位，他"绝不可能"把这些驱逐舰当作出于自愿的礼物送来，而只能把它们当作给英国的"交换条件"。根据现行的法律，无论是海军参谋长或是海军总部都不能提出证明，说这些舰只对国防无关重要，而没有这种证明，除非用一种能经他们证明是有助于美国安全的具体措施来换取，但不能合法地转移。总统曾设法另觅途径，但是没有其他途径可寻。

◎ 希特勒被激怒了

8月24日，德国空军开始把那些致命的炸弹投向英国皇家空军第十一大队的7个扇形站。英国的扇形站虽然没有一个被完全炸毁，但是一连串的轰炸，使其遭到了严重破坏，尤其是位于比金山和肯利的扇形站，损失特别惨重。此后，英国各前线机场也开始遭到空袭。

24日夜，德国空军出动170架轰炸机袭击肯特郡一直往北到苏格兰边界的目标。其中一部分飞机奉命轰炸泰晤士河沿岸城镇罗切斯特和金斯顿的飞机制造厂，以及距伦敦20多公里处的巨型油罐储存设施。领航的飞机靠无线电导航，后面跟着一批没有这种装备的飞机。在飞往目标的途中，2架后面的飞机失去了与那些装有无线电的开路飞机的视觉联系，偏离了主攻的方向。这2架掉了队的飞机紧挨着向前飞。突然，它们遭到了英国防空炮火的袭击，而且越往前飞，英军的火力网越密集。此时，这2名飞行员意识到自己飞行的大方向都错了。无奈之下，他们丢弃了机上的炸弹，转头向东，朝着法国海岸飞去。

然而，当这2名掉队的德国飞行员卸除炸弹时，他们的飞机正好飞到伦敦城上空。在从飞机上扔下来的炸弹中，有2颗炸弹呼啸而下，落在了伦敦市中心。伦敦克里坡盖特古老的圣贾尔斯教堂被夷为平地，附近一个广场上的约翰·密尔顿塑像也从底座上被震下来了。其余的炸弹落在了伦敦城北部和东部的伊思灵顿、芬奇利、斯特普尼、托坦汉和贝思纳尔梅林等地区，炸死了一些关门时间从小酒馆里出来的顾客和看完电影从影院回家的观众。

德国空军总司令戈林得知发生误炸伦敦的事件后，大发雷霆，马上给执行轰炸任务的第一轰炸航空团发去1封电报："立即把向封锁区伦敦投弹的部队名单报上来，我要亲自处罚这些指挥官，把他们转到步兵。"

被轰炸后的伦敦

8 月 25 日，面对德机突然轰炸伦敦，丘吉尔立即责成参谋部开会，研究应对措施。与会全体成员一致决定："对柏林实施报复性轰炸。"会议刚结束，一项命令就传到了皇家空军轰炸机指挥部，随后又通过它传到了驻扎在英国东岸诺福克的一个汉普登轰炸机大队。轰炸机大队的飞行员立即做好起飞准备。一周前这个大队还只限于在德国上空撒传单，传单上警告："希特勒发动的这场战争将继续下去，它将和希特勒活得一样长。"

根据丘吉尔的指示，英国空军出动了 81 架轰炸机，轰炸的目标是德国首都柏林。这是英德战争爆发以来英国皇家空军首次轰炸德国首都。此时的柏林浓云密布。从空中俯瞰地面，目标模模糊糊，若隐若现，只有不到半数皇家空军轰炸机找到了目标。尽管如此，轰炸机飞行员们还是把所有炸弹扔了下去。

突如其来的炸弹令毫无准备的德国人十分震惊。这次空袭尽管给柏林造成的实际损失不大，但是在柏林引起了极大的恐慌。不列颠战役开始前，戈林曾信誓旦旦地向希特勒、向所有德国人保证，英国人的飞机绝对不可能飞到柏林来，更不会把炸弹扔在柏林，为此他还开玩笑说："如果它们飞来了，你们就叫我农夫。"

其实，戈林对柏林的防空还是下了一番功夫的。他在柏林市部署了里外两层高射炮及数以百计的探照灯。可是，当英国人突然袭来时，缺乏心理准备的柏林防空部队措手不及。面对夜间在厚厚的云层上飞临的英国轰炸机，他们是只闻其声，不见其影，只好乱打一气，结果 1 架飞机都没有打下来。为了挽回脸面，戈林向希特勒保证："今后不会再出现这种事情了。"然而，丘吉尔决定把轰炸柏林的行动继续下去，直到希特勒做出符合他意图的错误决定为止。果不其然，28 日夜和 31 日夜英军又接连两次空袭了柏林，令柏林市民也真切体会到了战争的恐怖。面对英国人的轰炸，希特勒被激怒了，发誓要将伦敦从地球上彻底抹掉。

同一天，丘吉尔就争取美国军事援助问题继续致电罗斯福。

总统先生：

我深深地理解，你在法律和宪法上遇到的阻碍，你希望签订一个正式的书面合同。但是，恕我冒昧，我预料这种程序将会遇到何种困难，甚至遇到何种危险。为了获得我们提出的那份单子上所列的我们迫切需要的工具，我们收到你的要求，把"根据美国的判断而提出的"从纽芬兰至英属圭亚那的所有岛屿和地区不加限制地让与贵国使用。如果我们不能答应贵国专家们提出的一切要求，我们岂不是要被指责为破坏我们已经取得了代价的合同吗？贵国承担的义务是有限的，而我们则是无限的。我们尽管特别需要这些驱逐舰，却不愿意为了获得它们冒与贵国发生误会的危险，或者与贵国进行严重的争论。如果合同上想写明此事，则必须双方义务分明，尤其是对我方义务的规定，必须比以前更加明确。但是，这样一来势必要耽搁一些时间。

正如我多次指出的，我们之所以需要这些驱逐舰主要是为了弥补我们新造舰只到达前这段时间海军势力的不足。这些新造舰只，在战争刚刚爆发时就开始建造了。新造舰只的数目很多，比如，2 月底我们将验收 20 艘驱逐舰和中型驱逐舰、60 艘轻型驱潜快艇、37 艘摩托鱼雷艇、25 艘摩托反潜艇、104 艘"费尔迈"式木制反潜巡逻艇、29 艘 72 英尺长的汽艇。在随后的 6 个月中，将有更大一批舰只建造完成。

在这批新舰只紧锣密鼓建造并即将下水的期间，贵国的 50 艘驱逐舰可谓无价之宝。贵国的驱逐舰如期到达，就可以大大减少西北航道上船只的损失，还可以在地中海对墨索里尼采取更强硬的手段。由此可见，时间紧迫，刻不容缓。然而，如果只是为了度过舰只短缺阶段，就开出一张随意使用我们在大西洋的全部属地的空白支票，无论如何是不可取的。尽管在这段时间内会遇到难以预料的危险和灾难，我们还是希望靠自己想办法解决。

在此，我已经非常坦诚地将我们的困难说清楚了，我想你一定会理解的。

接下来的程序不知是否可行？我将立刻提出某些相当明确划定的设施，以此来表明我们打算出让的范围。双方专家可以就这些设施或另外有所增减的设施进行商谈，而我们对我们所能出让的设施保留最后的决定权。

我们会大胆放手去做，至于贵国人民是否愿助我们一臂之力，就全凭他们的慷慨和好意了。英王陛下政府的既定政策是向贵国提供可靠而有效的设施来保护大西洋海岸，并在贵国需要的时候即时交付。我已指示海军部和空军部起草我们拟提供的设施，同时给贵国专家留有另外选择的余地。我会在两三天内把我们的初步意见送到你手上，在适当的时候公布于众。如此，才能避免不必要争执，而贵国人民也会对我们更为热情，因为他们将看到，我们是为了全世界的正义而战，对他们的安全和利益自然也是非常关切的。

假如根据贵国的法律规定或者出于海军的要求，你打算给予我们的援助必须作为与英国的"交换条件"，那我就看不出我国政府为什么非这样做不可了。

　　我向来视你为老朋友，对你不辞辛苦的努力感激不尽，并为给你增加的负担，深表歉意。

前海军人员　温斯顿·丘吉尔

◎ "海狮" 行动再延迟

8 月 27 日，丘吉尔就多佛尔海角防卫问题致信内阁秘书处军事负责人伊斯梅将军及参谋长委员会：

敌军想逐步控制多佛尔海角和海峡最狭窄的地方，这样看来有一定道理的，是入侵我国的前期准备。敌军将继续与我们的空军战斗，他们的目的是以多取胜耗尽我们的空军力量。如此一来，我们的军舰将会被赶出海峡基地。我们预计，敌军还会在法国沿岸集结大量的炮队。

我们在保卫多佛尔海角方面采取了什么措施？两个半月前，我曾提出过架设重炮。如今已经架设了一门，铁路上的 2 门大炮也将架设完成。我们听说，这些重炮由于装药过多而不准确。我们应该将大部分重炮炮筒内部加厚，将口径改小一些，加强炮筒的来复线，使射程至少达 50 英里，如此在射击 25 或 30 英里的时候，准确度就会提高很多。我不明白，为何直到现在还没有人就此事向我提出建议。

多佛尔海角保持优势的炮兵阵地，不管这些阵地遭受怎样的攻击，也务必这样做。我们争取用大炮来控制海峡，摧毁敌方炮台，加强自己的炮台。

我在另外一份备忘录中，曾要求由"埃里伯斯号"发动一次奇袭，我想这艘炮舰定能摧毁灰鼻角的炮台。这是一艘装甲炮舰，能够防御空袭。这方面曾采取过什么措施？什么时候投入战斗？空军部当然要协同动作，应采取攻势。我们应当在白天用飞机进行落弹观察。我认为由配备有"麦林"20型机枪的"旋风"式战斗机第一中队担任这项工作最为妥当。"埃里伯斯号"一旦遭遇空袭，我空军应当即予以强有力的支援，立即由空军发动空袭。

请把你们的计划送到我这儿。

同一天，丘吉尔就争取美国军事援助问题致电罗斯福，向其阐述援助的重要性及迫切性。

我已经从洛西恩勋爵处获悉贵国想得到的设施。我们的海军和空军专家站在你们的角度研究了这个问题，随后得出了基本相同的结论。专家们认为，安提瓜可以作为飞艇基地使用。我们欢迎贵国使用安提瓜。我们既定的政策是使贵国在大西洋沿岸"万无一失"地确保安全。"万无一失"这句话是谁说的（编者注：美国前总统威尔逊于1917年所说），相信你应该记得吧。

我们准备根据这种思路向你提出一项积极的建议。当然，我们应就细节问题立即进行磋商，但是由于我在上一封电报中申明的理由，倘若发生分歧，我们是不想用仲裁的办法来解决。其原因是，作为赠予者的我们必须根据我们给予的设施的总的范围对其内容保留最终决定权，并且希望始终如此，即我们将竭尽所能，满足贵国的要求。

至于洛西恩勋爵起草的致国务卿的两封信，我没有意见。我们之所以不同意发表第二封信的唯一理由是：因为我始终认为今后投降或自行凿沉者舰队和残余舰只的更可能是德国政府。如你所知，他们在这方面是有过经验的。你可曾记得，几个月前，我给你发的一封私人电报中曾经提到，这种事情是懦夫干的，我们每一个人都是这样的看法。

我们向贵国提供设施后，如果你觉得可以把以前提到的"工具"或你认为适当的其他东西交付我们，此事就可以解释成这样：不是补偿或照顾我们，而是承认我们为贵国的安全尽了一分力。

总统先生，最近墨索里尼开始威胁希腊，如此一来此事显得越发迫切。我们如果以长远的目光和崇高的善意来办理此事，我们完全可以挽救这个古老的小国免遭法西斯的侵略和蹂躏。甚至未来的 48 小时也至关重要。

8 月 28 日夜，德国空军第三航空队第一次突袭了利物浦。按德国空军的标准，他们认为这是对英国进行的第一次大规模的夜间突击。从 8 月 28 日到 8 月 31 日的连续 4 个晚上，德国空军第三航空队平均每晚出动轰炸机 157 架，突击利物浦和伯肯黑德。事后调查，德国轰炸机中的 70% 飞到了目标，平均每晚投下爆破弹114吨，散布性燃烧弹257颗，每颗散布性燃烧弹中含有1公斤重的燃烧弹36枚。规模最大的一次突击是在29日夜间实施的，共出动轰炸机176架，其中的137架飞到了位于默尔济河口的2个海港，共投下炸弹130吨，散布性燃烧弹313颗。28日和30日夜间，对默尔济河口2个海港的突击还伴随着对其他一些目标的猛烈轰炸，那主要是由第二航空队的飞机进行的。28日夜间，德国空军除了轰炸利物浦和伯肯黑德以外，对其他一些目标还出动了轰炸机180架，30日晚上出动了112架。在29日和31日的夜间，则分别出动了44架和25架，以迷惑防御的一方，对广大地区进行骚扰活动，以扰乱英国人的休息和工作。

连续4夜的突袭，代表了德国空军第三航空队在不影响其以后的作战行动的条件下所能出动的最大兵力。他们所能纠集的部队几乎全部出动了，还从海军部里借了几个轰炸机大队，而这几个轰炸机大队本来是用于配合潜水艇进行联合作战的。这几次突击中的一个引人注意的特点就是，每次突击都以过去专门袭击船舶的部队为前导。有些德国军队中的战略研究人员不同意这种做法，他们认为对付英国最有力的武器就是进行海上封锁，然而他们的意见没有被采纳。

德军连续4夜的突袭暴露了英国夜间防空作战的弱点。在这4个晚上的袭击中，德军第三航空队共损失轰炸机7架，仅占其出动兵力的1%。英军高射炮继续起了迫使德机在高空飞行从而影响了其命中率的作用，但是除此之外，无论高射炮还是战斗机，都未能起到更大的作用。为此，道丁曾经一度主张对德国的无线电导航设备进行全面干扰，即使因此而影响英国的夜间防空作战也在所不惜。然而，英国空军部主张采用另一种更为巧妙的方法，第八十联队也正是为此目的而组建的。

8月30日，丘吉尔再次致信内阁秘书处军事负责人伊斯梅并转参谋长委员会：

我曾经就防卫肯特海角一事提出备忘录，此外，我们必须预料到，德军将很快在法国沿岸设立许多威力巨大的炮台。德军想要用大炮控制海峡，这种想法是很自然的。目前我们比他们强，因为我们已有14英寸口径的大炮一门和架设在铁路上的13.5英寸口径的大炮2门。此外，还应该尽快把一大批最新式的6英寸或8英寸口径的大炮供给驻在多佛尔的海军上将。我知道，海军部考虑把正在大修中的"纽卡斯尔号"或"格拉斯哥号"的大炮卸下使用。应该用前所未有的速度安装其中的一两个转塔。请把这方面的工作和日期用书面向我报告。有一门9.2英寸口径的陆军演习用大炮正在架设中，我们肯定还有一些架设在铁路炮架上的12英寸口径的大炮。

如果我们的舰只不能利用海峡，敌人也休想利用。即便大炮射程达不到法国海岸，这些大炮还是非常有用的。

我们的某些重型大炮，如18英寸口径的榴弹炮和9.2英寸口径的大炮，应该架设在能够阻止敌人登陆的港口和地方，而且，正如帝国总参谋长所说的，能够支援旨在阻止敌人建立桥头阵地而发动的反攻。我们上次战争中保留下来的这批大炮大都搁置未用，而且修理了整整一年。

请给我一份支援反攻并阻止敌军在泰晤士河南北两岸登陆的详细计划。我看到了，在北边稍远的地区架设了一些重炮。我希望能了解到多佛尔与伦敦、哈里奇与伦敦之间的布防情况。当前泰晤士河沿岸的防御工事已经完成，我们务必要加强这一带的防御力量，而这些防御阵线一点也不违背大反攻原则。

当前最紧要的问题是如何用一门或两门新式 6 英寸口径大炮轰击 3.5 万码以内的所有德军船只，我正在尽力获得美国至少两门 16 英寸口径的海岸炮。这种大炮的射程可达 4.5 万码，不用装太多炸药就能发射 1.25 吨的炸弹，所以这种炮的准确度肯定非常高。美国陆军的斯特朗将军曾向我提起过这种大炮，说是可以援助我们。他认为无需通过政府，陆军就可以从一些复式炮台调出几门炮及炮架。

请将这种大炮的详细数据给我作个报告。3 个月之内修筑混凝土基座是很有可能的，把这些炮运过来也需要同样的时间，能在甲板上装运这种大炮的船只很少。

同日，德国海军参谋部向最高统帅部报告，由于英国采取了充分的应对措施，"海狮"计划的准备工作不能在 9 月 15 日如期完成，实施日期应推迟到 9 月 21 日，最好能于 9 月 11 日发出预备命令。

◎ 伤亡最多的一天

8 月 30 日，英国皇家空军格雷伏山德基地碧空如洗，一批新闻摄影人员访问机场，要求空军飞行员们示范一次中队紧急起飞。第五○一中队在疏散区假装接到了电话，然后迅速奔向"飓风"式飞机。守候在机场的地勤人员动作熟练地帮助飞行员们背上保险伞束带，绑紧座带，启动发动机，移走垫木，让战斗机轻盈地滑过平整的草地，冲入云霄。飞行员们刚一离地，就收起机轮，这是战斗机飞行员偏好的一种自信表现。此时，机场上兴奋中的摄影记者们并不知道，这些飞行员戴上耳机接通联络时，皇家空军的飞行管制官要他们真正紧急起飞，并将他们导向泰晤士河口。

英国皇家空军第五○一中队保持完整的队形，向预定空域飞去。在接近德军的飞行编队时，随着指挥官一声令下，全体一齐射击。虽然没有击中 1 架德机，但冲散了德军梅式机群的队形。英国空军把德机队形冲散其实是有原因的。前一段时期，德国飞机往往从万米高空进行地毯式轰炸，德军采用这种领队投弹和集体投弹的战术说明德国缺乏训练有素的轰炸机人员。

因此，如能在德机投弹前将他们冲散，就可以使他们的炸弹投在目标之外。现在，第五〇一中队成功了。

第五〇一中队的雷西士官是冲散德军飞机编队的飞行员之一。当他掉过头来准备发动第二次攻击时，突然感到眼前一片黑暗。原来，他的机翼和发动机中了几颗子弹，座舱罩被洒漏出来的润滑油涂染成黑色。情急之下，他匆忙作了一个急转弯，但子弹依旧向他扫射而来。开火的这个德国人不是运气好，就是非常精于偏向射击，因为雷西的飞机一直处于改变方向的过程中，却又接连不断地被打中。

沾满油污的座舱罩使雷西什么也看不到，他索性把座舱罩抛弃。抛掉座舱罩后，雷西看到了飞机下面灰蒙蒙的泰晤士河水，决定暂不跳伞。他想利用飞机保持的高度，滑翔至陆地。当雷西滑翔飞行至雪培岛时，决心以小角度滑翔，一直滑回基地。在接近格雷伏山德时，他放下起落架，同时也放低机翼，在发动机完全失去作用的情况下，完成了一次完美的降落，并将飞机几乎停在了起飞的地方。

此时，采访的摄影记者们还没有走，他们欣喜若狂地拍下了飞机降落的全过程。雷西的"飓风"式机上一共有87个弹孔，这还不包括脱落部分。当飞机停稳后，雷西很是自豪。在一旁的工程军官幽默地对雷西说："你到底在搞什么鬼，不跳伞？本来明天早晨还可以获得一架新飞机，现在好了，我得花费很长时间维修。"

同一天，希特勒的接班人、德国副元首赫斯来到地缘政治学家豪斯霍弗尔教授的别墅做客，两人就不列颠空战讨论了很久。赫斯问："有没有通过中间人在中立国向英国试探和平的可能性？哪些英国人容易接受和平谈判？"

德国副元首赫斯

　　豪斯霍弗尔说可以通过汉密尔顿公爵促成此事。汉密尔顿是英国下议院的保守党议员、皇家空军某航空兵群中校司令、世袭的宫廷大臣，赫斯与他有过一面之交。豪斯霍弗尔说可以通过罗伯特小姐为汉密尔顿公爵传递信息，安排汉密尔顿与赫斯的朋友阿尔布雷希特在葡萄牙进行会谈。20 多天后，阿尔布雷希特给汉密尔顿公爵写信："有没有这样一种可能，让我们随便在欧洲任何一个中立国见面会谈？我一旦得到回信，就于最短的时间内赶到里斯本。当然，您作为一次旅行也可以……"这封信被英国的情报机构截获了，汉密尔顿根本没有收到。

　　8 月 31 日，丘吉尔致信第一海务大臣庞德："现在的迫切任务是对法国海岸炮台发动攻击。昨天的照片表明，那些大炮已经按照方位架起，所以最好的办法是在那些大炮还击之前就先将它们炸毁。敌军安装好足够数量的大炮。所以我认为，'埃里伯斯号'不应延误，每多一天，我们的任务就艰巨一些。由于我们在炮台方面的准备工作远远落后于敌军，所以破坏其炮台并阻止其扩展是当务之急。"

31日下午，德军第二轰炸航空团的轰炸机突袭了英国皇家空军的霍恩彻奇基地。当德机到达机场上空时，英国空军的地面人员才发出警报。虽然大部分"喷火"式飞机在炸弹落下之前紧急起飞了，但仍然有3架没来得及起飞，它们是迪尔上尉的第三机组。

迪尔的3架"喷火"式飞机在跑道上左冲右突，相互干扰。迪尔一边骂一边减速，因为再不减速，就要和从侧面过来的同伴撞上了。就在这一瞬间，德军轰炸机掠过上空，炸弹接连落向正在滑行的3架飞机。

迪尔不顾四周硝烟弥漫，快速飞离地面。就在离地两三米的时候，飞机被炸弹爆炸的气浪打得翻扣过来。迪尔在头朝下的情况下，且离地不超过一米左右的高度上继续倒着飞行。炸弹掀起的土块飞进座舱，倒挂在座舱里的迪尔的脸上，堪称世界航空史上从未有过的"特技飞行表演"。突然，迪尔的飞机刺耳地尖叫，原来"喷火"式飞机在擦着地面飞行，并且飞了约100米。开始是尾翼着地，后来整个机身着地。最后，飞机翻了个筋斗不动了。在离迪尔不远处，另一架"喷火"式飞机被炸掉了机翼。埃德塞尔少尉幸免一死，只是脚部脱臼。他设法从座舱里爬出来，爬向迪尔的飞机。这时，他简直不敢相信自己的眼睛，原来，迪尔既没有死，也没有受重伤，只是闷在里面出不来。两人合作砸碎了座舱盖，这样迪尔才爬了出来。他们两个人步履蹒跚，扫兴地向笼罩着褐色烟雾的机场休息室走去。

第 3 架"喷火"式飞机冲进了离机场较远一点的田野里，迪维斯中士徒步走了回来，他也没有受伤。这 3 名英军飞行员就这样逃过了一劫。

一批又一批德军轰炸机呼啸而来，英军机场的仓库和指挥大楼被夷为平地，输电线路被切断，飞机被炸毁，地面人员丧生。德国空军在这一天总共扔下 4400 吨炸弹。英国皇家空军共损失了 39 架飞机和 14 名飞行员，是英军迄今伤亡最多的一天，自不列颠战役打响以来，德军一天之内被摧毁的飞机头一次少于皇家空军损失的飞机。在随后的几天里，风暴和阴云再也没有光顾英格兰上空。

第六章　轰炸伦敦

经过一番目的明确的轰炸后，德军轰炸机不再需要指示目标，那些飞行员只要看见他们下面有烟有火就往下投弹。德军轰炸机的轮番轰炸，很快把伦敦东区简陋的街道和过于拥挤的居民房屋炸成了废墟。

◎ 伦敦危急

9 月 3 日，德国空军总司令戈林召开参谋长会议，决定从 9 月 7 日起将攻击重点转为伦敦。同一天，英美两国达成协议，英国将纽芬兰、百慕大、巴哈马群岛、牙买加、安提瓜、圣卢西亚、特立尼达和英属圭亚那等 8 个空军基地租借给美国，租期 99 年，美国则给英国 50 艘旧驱逐舰，以加强大西洋的反潜活动。美国首批 8 艘旧驱逐舰于 8 日移交给英国。

9 月 4 日，希特勒在柏林体育馆举行大规模群众集会。在这次集会上，希特勒慷慨激昂地发表了演讲。他说："丘吉尔先生正在展示他的新招数——夜间空袭，他进行这些空袭并不是因为这些空袭多么有效，而是因为他的空军无法在白天飞临德国上空。"

希特勒让他的听众放心，他计划对英国人这种愚不可及的做法采取坚决的行动："当他们说他们将加强对我们城市的袭击时，我们将把他们的城市夷为平地。我们将制止这些夜间空中的强盗行径，愿上帝帮助我们！当英国空军扔下3000或4000公斤炸弹时，我们将在一次袭击中扔下30万或40万公斤炸弹……在伦敦，英国人一直在充满好奇地问：'他为什么不来呀？'别着急，别着急。我们就来了！就来了！……总有一天，我们两个国家会有一个要求饶，但这决不会是国家社会主义的德国！"

9月5日，德国空军总司令戈林大清早乘坐豪华装甲专列赶到法国北部空军基地。同一天，丘吉尔在英国议会下院发表演讲：

上次我在这里讲话时，就已经料到我们与美国之间会发生一件大事，如今这件大事已经完成。我认为，这件事的促成使两国人民普遍感到满意，也鼓舞了我们全世界的朋友。总想着深入玩味来往的官方照会，以至于超过文件字面上的含意，都是错误的。我们进行的这种交换纯粹是两个友好国家之间本着信任、同情和好意的精神互相支援的措施，而这些措施结合而成一个正式协议。我们必须按照这些措施所体现的意义来理解。只有愚昧无知的人才认为，美国把驱逐舰交给我们违反了国际法，或者使美国的非交战状态受到影响。

我坚信，希特勒先生不会喜欢这次驱逐舰的让与行为。我还深信，希特勒一有机会，就会将怨气发泄给美国。我很高兴看到美国的海、陆、空军前线已经沿着一条宽阔的弧线延伸到大西洋，这样他们就可以在远离其本土几百英里以外的地方进行防御。海军部曾对我们表示，他们期待着这50艘驱逐舰，这样他们就能非常顺利地度过舰只短缺的困难时期。我过去也曾在这里说过，在我们的战时计划中的大批新造舰只使用之前，不可避免地会出现这么一段舰只缺少的困难时期。

我想在座的各位也已认识到，明年我们的海上的力量将会强大得多，就算是现在，我们也有足够的力量应付当前面临的形势。

应当尽快把美国的驱逐舰编入我们的现役舰队。我们的水兵已经在各移交港口等待，也可以说是有准备的巧合。现在，我对这件事想不出还有什么要说的了。

当下不是玩弄辞令的时刻，请允许我郑重向在座的各位进一句忠言：当你得到所需要的东西时，最好顺其自然，不要究问。

丘吉尔在谈到与美国的"交易条件"时，站在本国利益的立场，措辞谨慎，最终得到了议会全体成员的同意。

9月6日，戈林根据飞行员们的夸张统计得出了英国空军全军覆没的结论。当时，英国的许多机场的确已经无法使用，到处在抢修跑道，通信网络和预警系统也在告急。在有雷达的情况下，英国战斗机的损失仍然超过了德国，主要原因是地面机场被炸，保养设施不完善。英国急需优秀飞行员，只有少数飞行员掌握了击落敌机的技术，多数飞行员只能成为德军飞行员的靶子。如果德军继续攻击英格兰南部地区的英军机场，英国战斗机部队肯定会被赶出英格兰南部地区，这样德军就能登陆成功。

当戈林把轰炸目标从南部机场转移到伦敦等大城市后，英格兰南部机场就赢得了恢复的时间。为轰炸机轰炸伦敦护航，德国的战斗机在燃料不足的条件下被迫作战。

6日晚，戈林在法国加来港和布洛涅港之间的装甲专列上为航空队的指挥官们举行了一次宴会。他在宴会上说："从现在起，我将亲自指挥这场空袭。"航空队指挥官们跟着戈林一起高喊："胜利！胜利！"宴会一直持续到凌晨，列车中充满了"胜利"的气氛。

9月7日，戈林下达空袭伦敦的命令。下午，他来到了法国格里斯－内兹角的一个德军前线观察哨。站在山头上的戈林，红光满面，他在等待着观看令人振奋的一幕。时间不长，在他头顶上就出现了一批又一批德国轰炸机，这些轰炸机呼啸着飞过狭窄的英吉利海峡，它们的目标地是伦敦。

被德军轰炸机轰炸后的伦敦

希特勒对英国空军三番两次空袭柏林大为震怒，命令戈林进行相应的报复行动。希特勒轰炸伦敦可以令英国国民产生恐慌，这样或许不需要陆军劳师远征就能迫使英国投降。其实，戈林和希特勒早在1940年年初就曾设想伦敦被炸的情景。在一次总理府晚餐会上，希特勒大谈如何轰炸伦敦，他说：

"看过伦敦的地图吗？城市这么拥挤，一把火即可烧毁全城，就像 200 多年前发生过的那样。戈林想用无数大威力燃烧弹在伦敦的各区播下火种，使伦敦到处都是火源，成千上万个火源将汇成一片火海。戈林的想法完全正确。炸弹可能不起作用，但是用燃烧弹可以把整个伦敦烧为灰烬。"

伦敦，既是英国首都，也是第一大城市和第一大港，位于英格兰东南部泰晤士河下游两岸，距河口 88 公里，海轮可直达伦敦港，该地区经常充满着雾气，号称"雾都"。很多人以为伦敦是一座城市，其实严格来说不是一座城市（其心脏地带伦敦市和西敏市才是城市）。从狭义上来说，伦敦指的是这个城市的中心地区，所包括的就是伦敦金融城和威斯敏斯特自治市这两个部分。从广义上来说，伦敦包括伦敦市（都会区）和 32 个伦敦自治市，即大伦敦。

20 世纪初，伦敦工业发达，工厂冒起大量烟雾，加上伦敦的雾气，形成闻名世界的"雾都"。伦敦约 71% 是白人，10% 是印度、孟加拉和巴基斯坦人后裔，5% 是非洲黑人后裔，5% 是加勒比海黑人后裔，3% 混血人种，约 1% 是华人。58.2% 的人信仰基督教，15.8% 的人无宗教信仰。许多人以为，英国白人占绝大多数，其实伦敦有许多的黑人和东方人。作为英国的首都，伦敦吸引了大量的移民，这是成为国际性大都市的条件之一。自 1801 年至 20 世纪初，作为世界性帝国的首都，伦敦在政治、经济、人文文化和科技发明等领域做出了卓越的贡献，成为国际大都市。

◎ 空袭，突如其来的空袭

傍晚时分，当德军大批机群起飞准备轰炸伦敦时，英国空军歼击航空兵司令道丁正在本特利修道院里办公。修道院外面天气晴朗而温和，可是道丁的办公室里却弥漫着大难临头的阴森气氛。他的助手空军少尉怀特一脸凝重地来到他的办公室，有些不安地说："雷达发现德国大批飞机起飞，轰炸目标难以判断。"两人来到了调度室的观望台，他们看着下方那张桌子上铺开的一张英吉利海峡和英国的巨幅地图。"空军妇女后援队"的姑娘们穿着蓝色的衬衣，头戴耳机，正在用长棍子推着地图上的板块。每只板块都代表一个机队，是德机还是英国皇家空军的飞机则要看是什么颜色。随着新情报不断从外面的监测站传来，这些板块的位置也在迅速地移动着。板块在桌上爬来爬去，而且不断有新的板块被放到桌子上，所有这些看上去就像一盘正在进行的巨型轮盘赌博游戏。

道丁全神贯注地盯着地图，当他看到皇家空军第十一大队的"喷火"式和"飓风"式飞机已经升上天空时，终于松了一口气。道丁知道，大队长帕克将指挥他的飞行员们按既定的战术行动。在过去两周的空战中，这套战术十分有效。英国皇家空军的战斗机在 7000 米的高空盘旋待机，他们通过空中—地面的电话通信系统每分钟都能从歼击航空兵指挥部得到情报。德国空军大型机队通常是在到达英国海岸上空时再突然分开，分别进攻不同的目标。

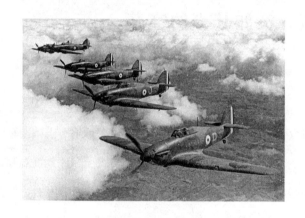

英国皇家空军的圆形机徽

道丁凝视着大地图，一种不良的预感突然涌上心头。他后来回忆说，当时的感觉"犹如一把匕首插进了心脏"。他想，如果进攻的飞机不散开，而是一起行动怎么办？如果他们突然进攻伦敦怎么办？英国空军没有应付这种意外的准备。道丁想到这里，不禁打了一个寒战。这时，道丁听到他的助手说："奇怪，他们好像不打算散开。"

德军大约有 300 架轰炸机，在 600 架"梅 -109"和"梅 -110"的护卫下，正在飞往英国的途中。第一批飞机自东边飞过来后直奔泰晤士河，沿河而上，

152

有几架飞机把炸弹投到了泰晤士黑文的油罐上，这些油罐在头一天的空袭中就被点燃了，大火还在燃烧。另外一批大约150架飞机则向伦敦飞去。这些轰炸机飞得比平时高很多，达到了5000米。在这些轰炸机的水平高度，由"梅–110"飞机编队护航。在轰炸机的上面，"梅–109"飞机以梯状队形迂回巡逻，随时准备对付英国皇家空军的战斗机。

泰晤士河

此时的高空，异常安静，没有发现1架英国皇家空军的战斗机起飞拦截。原来，英国战斗机部队估计德军轰炸的目标还是皇家空军的战斗机基地，他们全部起飞去保卫这些目标了，恰好让出了飞往伦敦的空中通道。

当德机到达泰晤士河上空时，部署在两岸的英军防空炮火开始射击，火力逐渐加强。然而，由于飞机飞得太高，高射炮的射程达不到这个高度，炮弹爆炸时的白色烟团在进攻者看来与其说是一种威胁，还不如说是在向他们鸣炮敬礼。德国的飞机犹如一列气定神闲的阅兵队伍，继续向着伦敦开进。

德军轰炸机轰炸的第一个目标是位于泰晤士河南岸的伍尔维奇兵工厂，因为英国陆军的炮弹和皇家空军的炸弹都是这里生产的。炸弹直接击中厂区目标，滚滚的浓烟和熊熊的烈火像一支巨大的火箭直冲下来。德军的下一个目标是伦敦港口区的码头和仓库重地，这个城市绝大多数的供给都是由外面运到这里的。接下来的目标是维多利亚和艾尔伯特码头、西印度码头和商业码头。当炸弹落到这些地方时，轮船沉没，桥梁和人行道被炸塌，起重机倒在水里，泄漏在水面上的油污熊熊燃烧起来。

经过一番目的明确的轰炸后，德军轰炸机不再需要指示目标，那些飞行员只要看见他们下面有烟有火就往下投弹。德军轰炸机的轮番轰炸，很快把伦敦东区简陋的街道和过于拥挤的居民房屋炸成了废墟。西弗尔镇、坎宁镇、莱姆豪斯、巴尔金、泰晤士大桥、波普勒和米尔沃尔区成了一片瓦砾。那些未被埋在瓦砾下的居民收拾起包裹，把大包小包塞进婴儿车或手推车里，连滚带爬逃往城外。

与此同时，张皇失措、狼狈不堪的英国皇家空军不顾一切地想挽回颓势。皇家空军第十一大队指挥官帕克派出了该大队的所有飞机，这些飞机在急速飞往伦敦。英国空军歼击航空兵司令道丁命令第十二大队的指挥官马洛里全力支援帕克的第十一大队。英国空军两个大队的战斗机很快便撕开了由"梅－109"和"梅－110"组成的保护层，皇家空军的战斗机飞行员们拼了命地向德军轰炸机俯冲下去。

伦敦市民惊恐万状地盯着天空，看到一架又一架德国轰炸机起火冒烟，向那些被毁的街道废墟栽下去。这时，他们惶惶不安的心情得到了一些缓解。破坏难以挽回，英国皇家空军发动反击的时间太晚了。当天，大约有400人被炸死，上千人受伤。伦敦的码头遭到了严重的破坏。东区被毁使这个城市的许多人无家可归。德军飞机在返回基地时，被击落47架。

为此，戈林兴奋地给他的妻子艾米打电话说："英国首都已是一片火海。"随后，戈林又通过电台向德国人民发表了讲话。他以充满狂喜的声调对德国人民说："伦敦已成为德国空军的靶子，我们一拳击中了敌人的心脏。"戈林还向德国人民保证，今后这种打击将会更多。

7日20时，英国本土总司令部根据参谋长委员会下达的待命指示，对东岸和南岸指挥部以及伦敦地区的所有部队发布代号为"克伦威尔"的密令，指出德军的登陆行动迫在眉睫。

当夜，英国皇家空军重型轰炸机首次对德军准备出发的港口实施了猛烈攻击。皇家空军一位轰炸机飞行员战后写道："当时的情景真是壮观，令人惊叹不已！法国加莱的码头燃起冲天大火，布洛涅的滨水区成为一片火海，火舌在风中跳动狂舞着……整个法国海岸像筑起一道火的屏障，只是偶尔被炸弹密集爆炸的闪光和燃烧弹呼啸乱舞的曳光打断。"英国空军对从勒阿佛尔到安特卫普、从安特卫普到布伦的整个沿海各个港口的攻击，使拥塞在那里的德国船只遭到很大的损失。英国空军在敦刻尔克击沉击损84艘驳船，在瑟堡到登一赫耳德炸毁1座500吨的军火库，焚毁1所军粮仓库，炸沉许多轮船和鱼雷艇。

9月8日，道丁将军下令从战事不紧张的防区抽调最优秀的飞行员来加强第十一航空大队，同时，还从南部、西部和中部各城镇的防御系统中撤出许多重型高射炮连，火速开赴伦敦。几天之内，伦敦上空便建立起一道密集的火力网，这道火力网虽然没能击落多少进犯的德机，却使其不敢肆意横行。然而，出乎英国人意料的是这一天德军没有再次大规模空袭伦敦。

同一天，英军参谋长委员会要求本土部队总司令规定一个特定的中等程度戒备的信号，以便遇到情况时按等级加强战备。

◎ 空中大对决

　　9月9日，德国空军作战局向戈林提交了一份作战计划："白天由第二航空队在战斗机护航下持续轰炸伦敦，夜晚由第三航空队轰炸伦敦。轰炸目标是伦敦的码头、补给中心和发电站等目标。轰炸目标一分为二：A目标区主要是拥有码头设施的伦敦东区；B目标区主要是拥有补给中心和发电站的伦敦西区。另外，对英国其他地方的兵工厂、港口和海港进行猛烈的扰乱性轰炸。

　　下午，德军200多架拥有强大护航力量的轰炸机再次空袭伦敦。不过，这次英国皇家空军已经做好了准备。英军雷达站刚刚发出有大量德机飞越英吉利海峡的警报时，皇家空军"喷火"式和"飓风"式飞行中队就立即起飞了。当德军第一批几乎全部被战斗机团团护卫着的轰炸机编队飞入多佛尔上空时，英军第十一航空大队的2个飞行中队即刻猛扑上去。

　　德英两国的战斗机展开了一场空中大对决。蓝色的天空充斥着一道道激动人心的白色雾化飞行轨迹。德国空军的轰炸机一边向伦敦飞，一边遭遇英国战斗机的攻击。

英国皇家空军的命令是："飓风"式战斗机袭击德军轰炸机，"喷火"式战斗机对付德军的战斗机。双方战斗机一对一地追逐紧咬，展开生死搏斗。

在苏塞克斯上空，英国皇家空军第十一大队的 3 个中队向一群德机发动猛攻。英国空军的凶狠攻击将德军轰炸机赶到西面。这样，德军轰炸机便落入了英国空军第十一大队另一个中队和由达克斯福德起飞的一个联队的围攻之中。德军轰炸机仓皇投弹，炸弹散落在伦敦西南部以及切尔西和里士满之间的伦敦郊区。在前两批德国轰炸机中，飞到伦敦的连一半都不到。

这一次，伦敦的军事目标和工业目标损失很小，德国空军却损失了 28 架飞机，英国空军损失了 19 架战斗机。英国空军战斗机所表现出的强大攻势使德国空军大为惊恐。在英国空军的强大攻势面前，德国空军显然无能为力。德国海军认为，德国还远未获得海上登陆所需的空中优势。

9 月 10 日，德国海军参谋部再次请求最高统帅部推迟"海狮"计划的实施日期。海军参谋部在呈送的报告中指出，由于天气一直不好和英国的反轰炸，遇到了各种困难。虽然海军方面必要的准备到 21 日可以完成，但是所规定的在英吉利海峡上空掌握绝对的空中优势的这一行动条件却没有实现。

9 月 11 日，希特勒将预备命令推迟了 3 天，也就是说"海狮"计划的最早实施日期改为 24 日。这一天，德国空军再次猛烈空袭伦敦。一支由 100 架轰炸机组成的编队在密集如云的梅式飞机的簇拥下，成功地闯入船坞区和市区上空，造成巨大破坏和惨重伤亡。德国战斗机的主要任务是保护轰炸机，因为轰炸机远远不是英国战斗机的对手。由于繁重的护航任务，没有几架德国战斗机能够脱身出来攻击英国战斗机。德国空军的处境有些不妙，因为德军无法投入更多的战斗机进行护航了。下午，一支编队严密的德国机队准确轰炸了南安普敦附近一家新建的飞机厂。英国皇家空军战斗机在击落29架德机的同时，自己也损失了25架。

同一天，丘吉尔向全国人民发表了鼓舞人心的广播演说：

当天气适宜的时候，德国轰炸机在战斗机的护航下，一次多达三四百架飞向我们这个岛，特别是肯特海角猛扑过来，妄想在白天袭击军事目标及其他目标。然而，德国人遭遇我们战斗机中队的猛烈痛击，来一次被击溃一次。德军的损失与我方的损失之比：飞机3：1，飞行员是6：1。

德国人为取得英格兰上空的白天制空权所做的这种努力，是决定整个战争的关键。截至目前，他们的这种努力显然是失败了。德国人付出了高昂的代价，而我们却感到比以前强大了，而且的确比这次激烈战斗开始的七月强大多了。毋庸置疑，希特勒先生正在快速消耗他的战斗编队，如果持续几个星期，就会将这部分重要的空军力量消耗殆尽，彻底毁灭。如此一来，对我们可是大为有利的。另一方面，对于希特勒来说，在没有掌握制空权的情况下企图进犯我国，将是一种非常冒险的行动。尽管如此，希特勒大规模入侵的准备工作仍然在不断地进行。几百艘装有自动推进器的驳船正沿欧洲海岸南下，从德国和荷兰的港口驶向法国北部的港口，从敦刻尔克到布雷斯特，越过布雷斯特到比斯开湾的法国港口。

此外，由每10艘商船组成的船队正通过多佛尔海峡进入英吉利海峡，在德国于法国海岸新建的炮台的掩护下，躲躲闪闪地从一个港口开到另一个港口。在德国、荷兰、比利时以及法国的港口，从汉堡一直到布雷斯特，集结了为数可观的船舶。最后，他们还准备了一些船只，打算从挪威港口运送一支入侵部队。

　　这些密集的舰只与驳船后面是大批待命登船的德军，即将进行一次非常危险又毫无把握的航行。我们无法预测德国人什么时候来，也不能肯定德国人是否真正打算试一试，每个人都不要忽视这样一个事实：德国人正在以他们一贯的周密性和条理性进行准备，准备大规模入侵我们这个岛屿，而且现在就可能进攻英格兰、苏格兰、爱尔兰或者同时进攻这三个岛。

　　假如希特勒真要入侵我国的话，是不会拖延太久的，因为天气随时可能转坏。另外，敌人不可能让那些集结的船只无限期地等下去，因为这些船只每天夜里都会遭受我方轰炸机的轰炸而且时常受到我方在港口外面监视的战舰的炮击。

　　鉴于此，我们务必要把下星期或下星期前后视为我国历史上一个非常重要的时期。它完全可以和当年西班牙无敌舰队逼近英吉利海峡、德雷克快要打完一场木球的时候相比，也和纳尔逊在布洛涅为我们抵挡拿破仑大军的时候不相上下。所有这些，我们都是从历史上读到的。然而，当前正在发生的事情，就它的规模和对全人类的生活和未来以及对世界文明的影响来说，过去那些勇敢的日子远远比不上这次。

9月14日，德国海军总司令雷德尔向希特勒提交了一份报告，他在报告中提出如下意见：（1）目前的空中情况还未提供为完成这一行动所需要的条件，因此危险仍然很大。（2）"海狮"作战计划一旦失败，将意味着英国的威望大增，而我们袭击英国的有利的影响将不复存在。（3）对于英国，尤其是伦敦，应当持续不断地发动空袭。如果天气良好，应当加强空袭，不必顾虑"海狮"行动，因为空袭可产生决定性的效果。（4）"海狮"计划不能取消，以便让英国人时刻感到焦虑不安。希特勒接受了雷德尔的意见，决定将"海狮"计划的实施时间再次延迟。

14日晚，戈林亲临英吉利海峡的小城德律奇，组织对英国进行大规模轰炸。德国空军指挥部根据戈林的指示，经过精心筹划，制订了第二天的作战方案。他们将出动全部力量，在英格兰南部与英国皇家空军展开决战。德国空军的作战计划是以第二航空队的大约220架轰炸机对伦敦实施一系列的空袭，以第三航空队的大约30架轰炸机突击波特兰和南安普敦郊区的休泼马林飞机制造厂。负责支援的德国战斗机大约出动700架次。第三航空队对波特兰的突击有意选择在一个使英国第十大队穷于应付的时间，因为当时米德耳瓦洛普防空分区正忙着增援第十一大队。德军的主攻因为分成两个明显阶段，致使其效果大大削弱，因为英国空军的战斗机中队正好利用两个阶段之间的间隙时间加油装弹，做好了再次出动的准备。

这一天，德国空军发动了对伦敦的第4次白昼空袭，只遭到微弱的抵抗，德军以14架飞机的代价击毁了14架英国皇家空军战斗机。自从7日德国空军对伦敦的空袭以来的情况表明，英国皇家空军的战斗力受到了很大削弱。在这种情况下，希特勒通知三军将领，准备实施蓄谋已久的"海狮"计划。

然而，英国皇家空军轰炸机部队的英勇作战，使希特勒不得不又一次推迟计划。9 月初，德国已在法国各港口集结了 1000 艘以上的驳船，此外 600 艘停泊在内河上游的安特卫普港。这些船只成了英国皇家空军轰炸机部队的打击目标。每天晚上，这些轰炸机携带着最大限量的炸弹，飞越海峡做近程轰炸。在两个星期的持续轰炸中，英国轰炸机不仅炸毁了 12% 的准备入侵的船只，而且还摧毁了港口附近的登陆器材和通信设备，从而阻挠了对已选定的入侵航道的扫雷工作。

◎ 丘吉尔坐镇

9月15日，德国空军集中最大兵力对伦敦再次进行了白天空袭。清晨，德军200多架轰炸机在600多架战斗机的掩护下，遮天蔽日地向伦敦飞来。德国飞行员感到胜利唾手可得。

与此同时，英国皇家歼击航空兵司令、空军上将道丁命令第十一、第十二航空大队所有飞机全部出击。第十一和第十二战斗机大队共有24个中队、近300架飞机。道丁还命令英国中部的第十二战斗机大队派出几个中队支援受到德军巨大压力的第十一大队。所有这些"喷火"式和"飓风"式战斗机在伦敦以南、以西的空中筑起了一道防线。

这时，英国皇家空军的飞行员们没等占据有利攻击位置，便迫不及待地与德机站在同一高度上，像一把把匕首直插德军轰炸机编队，顿时把德军机群搅成了"一锅粥"。几十架"喷火"式战斗机随即解散队形，各自为战。飞行员们猛按射击按钮，枪口狂喷火舌，德国轰炸机顿时阵脚大乱，几分钟内就接二连三地冒着黑乎乎的浓烟坠毁了。

15日上午，丘吉尔来到位于地下15米的第十一航空大队帕克的作战指挥室。帕克的作战指挥室像一座小剧场，纵深约20米，一共有两层。丘吉尔坐在楼上的特别座厢里。在他的下面是一张大型地图台，台的周围约有20名受过良好训练的青年男子和妇女，以及他们的电话助手。在丘吉尔的对面，悬挂一块遮盖了整面墙壁的大黑板，黑板分成6个装有若干灯泡排列的纵行，代表6个战斗机驻防中心，这些驻防中心的每个战斗机中队又有自己的小格，并且用横线划开。当最下面的一排灯泡亮起时，就表示中队已经完全做好了准备，能在命令下达后两分钟内"立即起飞"；倒数第二排灯泡亮了的时候则表示已经准备完毕，能在5分钟内起飞；倒数第三排灯泡表示中队将要做好准备，能在20分钟内起飞；倒数第四排灯泡亮时，表示中队的飞机已经起飞；倒数第五排灯泡亮时，表示中队已经发现敌机；倒数第六排灯泡是红色灯泡，当这排灯泡亮时，表示中队正在与敌机战斗；最上面的一排灯泡亮时，则表示中队已在返航途中。

丘吉尔的左边一个类似玻璃座厢的小屋子里，有四五名空军军官负责分析、判断从对空监视哨收到的情报；右边是另外一个玻璃座厢，里面是陆军军官，负责报告英国高射炮队的作战情况。

丘吉尔在特别座厢里坐了一会儿，便向楼下走去。看到首相走来，帕克迎上前说："我不知道今天会发生什么情况，目前还平静无事。"

丘吉尔看到帕克满面倦容，一副心事重重的样子。15分钟后，作战指挥室的气氛紧张起来。丘吉尔看到，空袭坐标员开始来回走动，把接到的德机入侵的情况摆在大型地图台上。据报告，有40多架德机正从迪埃普地区的德国机场飞来。当第十一大队各个中队完成"立即起飞"的准备时，墙上的指示牌底层的那一排灯泡随即亮了起来。紧接着传来了"20多架""40多架""60多架"的信号，甚至有一次是"80多架"。

在丘吉尔下边的那张桌子上，标图员们每分钟都在沿着不同的飞来的路线推动队标，标明所有分批入侵的德机的行动。丘吉尔对面的黑板上，一个接一个亮起的灯光表示皇家空军的战斗机中队已经飞入上空，直到只留下四五个中队处于"准备完毕"的状态。不久，红灯表明第十一航空大队大部分战斗机中队投入了战斗。忙碌的坐标员仍在根据迅速变化的情况来回推动队标。帕克不时发布如何部署他的战斗机队的指示，坐在楼上"特别座位"中心的一位青年军官根据他的指示，拟定了详细的命令，并传达给各战斗机编队的机场。丘吉尔就坐在那位青年军官的旁边，看着他发布命令。

转眼间，英国皇家空军第十一航空大队所有的战斗机中队都已投入战斗。此时，有些飞机已经开始回来加油了。所有战斗机都在天空中，下面一排灯光熄灭了，这表明留作后备的中队，一个也没有了。这时，帕克打电话给驻在斯坦莫尔的英国空军歼击航空兵司令道丁，要求从第十二战斗机大队抽调3个中队归他指挥，以防当他的战斗机中队正在补充弹药或加油时，德军突然来一次大袭击。

这时，丘吉尔感到帕克有点焦躁不安。之前，他一直是默默地察看，没有说过一句话。他走到帕克身旁，轻声问："我们还有其他的后备队吗？"

"一个也没有了。"帕克在回答首相的问话时，心情显得特别沉重。

丘吉尔心里清楚，此时皇家空军的飞机大多数需要返回基地加油，如果加油的飞机在地面上受到德机袭击的话，损失将非常惨重。5分钟后，黑板上的灯泡显示，大部分的中队都已降落，需要加油。

此时，第十一航空大队指挥部的气氛好像凝固了，每个人瞪大眼睛盯着地图台，看着上面标示的德国飞机运动的方向。有惊无险，桌子上移动着的坐标表明德国轰炸机和战斗机不断向东移动，它们飞回去了。几乎所有的人都长长地出了一口气。

帕克出了一口长气，对丘吉尔说："首相，我们感到高兴的是，你亲自看到了这次空战。在最后20分钟，情况太复杂了，我感到几乎无法应付了。你由此可以看出我们目前力量的极限。今天使用的兵力远远超过了我们的限度。"

丘吉尔的心情和帕克一样好，他微笑着问："战果报上来了吗？"

"还没有。"帕克回答。

"报上来后马上告诉我，"丘吉尔接着说，"这次空战打得很好，向你们表示祝贺！"

帕克说："我感到不满意的是，我们截击到的敌机不如希望的多。显然，敌机突破了我们的防线。据报告说有好几十架德军轰炸机及其护航战斗机进入伦敦上空。"

"关键是我们取得了胜利！"丘吉尔安慰帕克说。中午12时左右，丘吉尔离开了第十一航空大队的作战指挥室。

◎ 不列颠战役日

    9 月 15 日 13 时 30 分，德军飞机犹如无边无际的潮水冲过海岸。英军两组飞行中队和三个半单独行动的中队迅速向德机靠拢。德军飞行员碰上了比以前更多的"喷火"式和"飓风"式飞机。空战异常激烈，天空中布满了横七竖八的道道白烟。地面上可以清楚地看到高射炮群向空中敌机发射出愤怒的炮火，听到炮弹在空中的爆炸声。空中不时传来飞机的扫射声，飞机被击中后发生的爆炸声，引擎加速时的尖叫声和飞机急剧俯冲的尖啸声。

    英国皇家空军的战机与入侵的德军战机交火了。从霍恩彻奇起飞的战斗机在肯特上空与德机展开了激战，由坦格米勒起飞的 2 个飞行中队扑向德军轰炸机队的左翼，迫使多架德机仓促投弹，匆匆逃窜。当德军战斗机队的前锋机群到达特福及肯特周围的乡村上空时，遭到英国皇家空军大约 15 个战斗机中队的阻击。德军飞行员虽然因碰上比以前更多的"喷火"式和"飓风"式飞机而大为震惊，但是他们还是非常勇敢地迎战。战斗机旋转滚翻，在深邃蔚蓝的天空里，飘散着一条条纵横交错的白色雾化尾迹。在德军战斗机的顽强护卫下，一部分德军轰炸机得以对其目标实施轰炸。泰晤士河两岸地区遭到大规模破坏。

15 日下午，德军飞机对波特兰的牵制性攻击虽然避过了英国战斗机的截击，设法到达了目的地，但是并没有对该地造成多大破坏。与此同时，德军飞往南安普敦附近轰炸"喷火"式飞机制造工厂的密集机队，虽然躲过了英国战斗机的截击，并在离地面仅 600 多米的低空投弹，但是没有命中目标。

正当伦敦上空的空战达到高潮的时候，一批较小的德军轰炸机，无战斗机护航，越过海峡向波特兰飞来。防空雷达提前半小时发出了预警，但是低估了来袭德机的兵力。此外，不知是由于幸运还是技术，德机选择的却是一条出人意料的航线，使得全波特兰地区只有一个阵地上的高炮可以对其射击。由于增援了英国空军第十一大队，在米德耳瓦洛普防空分区就只剩下一个中队可供使用，结果该中队只是在德机返航途中进行了截击。

6 时左右，德军另一批轰炸机在双发动机战斗机的护送下接近英国的汉普郡海岸。提前 20 分钟的预警使得英国空军第十和第十一大队有时间在德机到达之前派出 4 个中队，接着又派出了第五中队，但是在德机投弹之前都没有实施成功截击。

同一天，英国军情局破获德军企图在当日白天大规模轰炸伦敦的情报。丘吉尔正是看到这份情报后，对伦敦的防御放心不下才亲自到帕克的第十一航空大队指挥部观战的。也正是根据这份情报，英国皇家空军才得以调集优势力量，进行充分准备，最终获得了"不列颠战役日"的大胜。

这一天结束时，德国空军轰炸机飞行员的士气空前低落。尽管这一天德机在对伦敦的两次袭击中，被击落的实际数目没有超过 60 架，但是有好几十架轰炸机摇摇摆摆地返回基地时，已是千疮百孔、弹痕累累，许多飞机上都有一名或一名以上的空勤人员被打死或受重伤。至于德国战斗机飞行员，尽管表现不错，但当他们看到那些据说早在几天前就被撵出了天空的"喷火"式和"飓风"式飞机反而明显地不断增强时，也越来越气馁。

这一天，是英国皇家空军取得了决定性胜利的日子，也是奠定不列颠战役胜局的日子。为了纪念这一天，皇家空军决定，每年的 9 月 15 日为"不列颠战役日"。次日，伦敦报纸大字刊出"全歼德机 185 架"。人们欢欣鼓舞，奔走相告。整个伦敦家家户户自发挂起了英国的米字旗，庆贺空军的大胜。

9 月 16 日，德国空军的战斗机和轰炸机因受损严重留在基地休整，没有对伦敦实施轰炸。

"不用说，我们的轰炸机和战斗机部队在物资、人员和士气等方面，损失惨重。每一位飞行员对是否能继续展开空中攻势表示怀疑。"德国战斗机飞行员加兰写道，"事情不可能总是一成不变的，你可以扳手指算一算，什么时候该轮到你了。概率论的逻辑无可争辩地向我们显示：'一个人经过这么多次的飞行，死期也不远了，只不过有些人早一点有些人晚一点而已。'……我们看到一个又一个同伴、久经战斗考验的老战友相继从我们的行列中消失……"

在德国空军还没有在轰炸伦敦中遭到灾难性失败的时候，加兰就及时将他的想法向空军总司令戈林和盘托出。

"戈林不愿明白，他的德国空军，这把光华闪烁而且至今一直是所向披靡的利剑，有可能在他手中锋刃俱损。"加兰在日记中写道，"他认为这主要出于战斗精神不足和对最后胜利缺乏信心……我力图向他指出，'梅-109'机在进攻中性能较为优越，但是纯粹为了防御目的话则没有'喷火'式飞机好，'喷火'式虽然慢些，但机动性能比较好。他拒不接受我的意见。我们德国战斗机飞行员听到了更多的严厉申斥。最后，他快要走了，态度也和蔼了一些，他问我们各中队有什么要求……我毫不迟疑地说，我想为我们的机队配置一批'喷火'式飞机……我厚着脸皮提出这样唐突无礼的要求，戈林哑口无言。他跺了跺脚，大发雷霆地走了。"

同一天，英国皇家空军轰炸机空袭了正在进行大规模登陆演习的德国部队，使其人员和登陆舰只遭受惨重损失。运回柏林的被打死和烧伤的士兵整整装了两长列救护火车。后来，在德国以及欧洲大陆许多地方流传着这样的消息：德国人试图登陆，但是被英国人打退了……在德军还沉浸在失利的沉闷之中时，英国皇家空军一鼓作气发起了攻击。

英国空军还持续猛烈轰炸了准备入侵的德军舰停泊港，严重打击了德国海军。海军将领纷纷向希特勒报告："在安特卫普，运输船队遭受重大损失，港内的 5 艘运输轮受到重伤，1 艘驳船沉没，1 列军火列车被炸毁，仓库多处着火。"

在敦刻尔克，共有 84 艘德国大小驳船被英国空军击沉或受损。从瑟堡传来的消息令希特勒更加沮丧：1 座大型军火库被炸毁，1 所大型军粮仓库被焚烧，多艘轮船和鱼雷艇被炸沉，人员伤亡惨重。有人直截了当地对希特勒说："如果再下令继续集结登陆部队，还不如直接把我的士兵送到绞肉机里。"

英国空军如此神速地复苏令德军惊恐不已。戈林感觉到，他的自负以及无能使他在希特勒面前失宠，其他各军种对他也是怨气冲天。为了尽可能减小损失，戈林下令：从 10 月 1 日开始，对伦敦的空袭改为夜间进行。

◎ 鹰中队

9 月 17 日，德国海军总司令雷德尔向希特勒报告：“我方为在海峡沿岸登陆而进行的准备工作，已为敌人广泛获悉，他们正在不断采取反击措施。可举以下现象作为例证：敌军飞机对德国发动这一军事行动的港口进行袭击和侦察；敌驱逐舰在英国南部沿岸海面、多佛尔海峡和法国、比利时沿岸海面频频出现；在靠近法国北部海岸的海面上常派舰巡逻；丘吉尔最近一次的演说；等等。敌本土舰队的大部分舰只虽仍停靠西部基地，但其主要舰只则已作好反击我军登陆的准备。我空中侦察机已在南方和东南方港口发现大批驱逐舰（30 艘以上）。一切情报表明，敌人的海军已把全部注意力集中于这一战场。”

希特勒看了雷德尔的报告后，认为英国皇家空军仍然没有被打垮，德国空军并没有掌握不列颠的制空权。希特勒无奈只得下达无限期推迟“海狮”登陆作战的命令。戈林对这样的空袭行动也逐渐失去了兴趣，他将空军的指挥权暂时移交给加兰将军，自己则在法国游山玩水，收集名人字画和艺术品。

戈林对艺术品的酷爱到了近似疯狂的地步，到第二次世界大战结束时，落入戈林之手的艺术品的价值高达数亿美元。德军占领区的艺术品商人们称戈林为"那个来自柏林的强盗"，而戈林却厚颜无耻地宣称："我收藏的艺术品都是用最合法的手段、最公平的价格获得的。"德国军备和战时生产部部长阿·施佩尔在他的回忆录中写道："对戈林这位国家第二号人物掠夺艺术品的行为，希特勒常常怀有愤恨之情，但从来不当面责问他。"

同一天，英国1艘载有320名孩子的"贝拿勒斯城号"鱼雷艇被德国1艘潜艇击沉，300多名儿童丧生，只有11人生还。这一海难事件使人们不愿再冒险将孩子们送走。10月2日，英国政府停止了整个海外撤运活动。一周后，已将近千名孩子撤出英国的一些美国志愿机构也终止了有关活动。

9月19日，英国皇家空军损失惨重，飞行员已经疲惫到了极点。在此危难时刻，英国空军歼击航空兵司令部组建了战斗机部队——第七十一中队。这支部队全部由美国飞行员组成，这就是著名的鹰中队，因为美国的象征是鹰。之后，又组建了2支鹰中队——第一二一中队和第一三三中队，都是由美国飞行员组成的。1942年年末，当英国大多数空军部队远赴非洲参加北非战役时，包括鹰中队在内的美国陆军航空队第四战斗机大队被派往英国。

鹰中队驾驶的是英国空军的"飓风"和"喷火"等战斗机。这些美国人认为美国早晚会参战，他们希望当飞行员而不是步兵来参战，这也是鹰中队大多数飞行员的梦想。参加三支鹰中队的共有244名美国人，通过各种办法参加英国空军，主要途径是加入英国或者加拿大陆军，再转入英国空军。比如，威邓恩于1941年年初就是通过这种途径加入第一个鹰中队（第七十一中队）的。大多数美国志愿者是 25 岁以下的年轻人。由于美国刚刚经历了大萧条，他们找不到更好的工作，其中一些人曾经从事过与飞行有关的工作。来自美国各地的他们是因飞行激情而来到英国的。这些志愿者多数来自美国航空中心加利福尼亚州。许多人因学历和身体素质等原因不能进入待遇优厚的美国陆军航空队，双眼 2.0 的视力要求将大多数人拒之门外。英国空军的标准没有那么严，只要戴上眼镜能开飞机就行，申请者需要出示中学学历，至少 300 个飞行小时的证明、飞行驾照，但必须是单身。

3 个鹰中队的各个飞行小队的一些飞行员受过良好的飞行训练，来自富有的东部资产阶级家庭，他们把飞行视为玩乐。多数飞行员只有中学学历，来自工薪阶层，他们没有把飞行视为爱好，而是看成工作。他们表示加入英国空军是为了驾驶战斗机，渴望以高度刺激的方式参与空中格斗。一些人为了参加英国空军，改写了飞行履历。来到英国后，志愿者们被调到战斗机训练部队，接受为期 4 周的战斗机初步飞行训练，这是战斗机飞行员训练的基础步骤。飞行员们完成初步飞行训练后，即被调往英国皇家空军服役。在空军中队，这些美国人学习英国皇家空军的文化准则、军事操行、作战方法，学习驾驶各种战斗机。英国皇家空军战斗机部队根据英国地理位置将其分在各个大队。

同一天，德国外交部长里宾特洛甫前往罗马会见意大利总理墨索里尼，两人举行了会谈。里宾特洛甫说："元首认为英国的态度是垂死挣扎，是完全不了解现实，是希望苏联和美国出兵干涉。"

墨索里尼说："美国由于种种实际的利害关系才站在英国一边的，售予 50 艘驱逐舰这件事，便足证明。"墨索里尼主张同日本结成同盟，以牵制美国的行动，他说："虽然从数量方面来说，美国海军是巨大的，但是，我们认为，正如英国的陆军一样，它是一个松垮的组织。"

墨索里尼还谈到南斯拉夫和希腊问题，他说："还有南斯拉夫和希腊的问题。我们在南斯拉夫边境陈兵 50 万，在希腊边境也有 20 万人。意大利看待希腊人，正如 4 月行动以前德国人看待挪威人。从我们来说，必须解决希腊，当我们的地面部队进入埃及，英国舰队不能在亚历山大停泊而必须到希腊港口避难的时候，就尤其需要解决。"

在这一点上，墨索里尼和里宾特洛甫一致同意，主要的目标是击败英国。唯一的问题是：怎样击败？墨索里尼说："要么战争在春季以前结束，否则就要拖到明年。"他认为后一种可能性较大，因此一定要最有效地利用西班牙这一张牌。里宾特洛甫认为，先同日本结盟，接着西班牙就宣战，这对英国将是一个新的沉重的打击。

9 月 26 日，德军侦察机在北海巡逻的时候，捕捉到了英国皇家舰队，他们出动 9 架"亨克尔 -111"和 4 架"容克 -88"式飞机前去空袭。英国舰队"胡德号"战列巡洋舰和"皇家方舟号"航空母舰没有受到任何损失。然而，德机驾驶员弗兰克却说命中了目标，德国宣传部门随即报道英国"皇家方舟号"航空母舰已经被炸沉。后来，德军发现"皇家方舟号"又出现了，这一尴尬局面逼得弗兰克差点自杀。

9 月 27 日，德国空军总司令戈林下令继续对伦敦进行大规模轰炸。德国空军飞机升空后，戈林来到东普鲁士的一座森林猎场打猎。他邀请王牌飞行员阿道夫·加兰德一起参加，以示奖赏。加兰德在上周英吉利海峡上空的空战中击落了第 40 架飞机，戈林非常喜欢他。当他们来到林子里时，发现一只漂亮的牡鹿王。戈林把猎物让给加兰德，加兰德一枪打死了牡鹿王。戈林与加兰德在林子里度过了美好的一天，他们从空战的巨大压力中暂时解脱出来。

德国王牌飞行员阿道夫·加兰德与希特勒签名照片

9月30日，德国空军对伦敦进行了最后一次昼间大轰炸。这次轰炸只有一小部分德机到达伦敦，并且损失了47架飞机。不列颠空战第二阶段作战就此结束。

9月间，英军在南部海岸线部署了16个精锐师，包括3个装甲旅，拥有240辆中型坦克、108辆重型坦克、514辆轻型坦克、498门反坦克炮。

第七章　鹰袭失败

在伦敦码头，在拥挤的贫民窟，在食品店，到处都是猛烈的炸弹爆炸声。燃烧弹使伦敦的大街小巷变成了一片残垣断壁，玻璃碎片比比皆是。德军不久前在华沙和鹿特丹制造的恐怖，复制在伦敦市民面前。

◎ 夜袭

进入 10 月，不列颠空战第三阶段作战开始。希特勒经常给戈林出难题，要求戈林从空中击败英国。希特勒认为空军磨磨蹭蹭，总是拖后腿。对此，希特勒很不满意。戈林不仅要应付希特勒，还要应付飞行员们不听指挥的情况。德国飞行员认为英国人在拦截轰炸机时准确得让人吃惊，不想再听空军作战局的指挥了，要求随意作战。德国人并不知道英国人破译了德军的无线电密码。

这时，戈林又有了馊主意，命令"梅–109"战斗机装上 500 磅炸弹，在白天对英国进行偷袭，而轰炸机全部留在夜间使用。这一招刚开始很见效，德国空军数次骗过英军，毫无阻拦地飞抵目标上空频频轰炸得手。然而，英国空军很快就找到了对付的办法。结果，这种加挂炸弹后笨头笨脑的"梅–109"和"梅–110"不堪一击，被接二连三地击落。后来，"梅–109"和"梅–110"再也不敢露面了。

10月2日傍晚，德军1000多架飞机组成庞大的编队向伦敦飞去。英国皇家空军起飞全力拦截，但收效甚微。英军对夜间城市防空缺乏足够的经验，这样就使得大批德军轰炸机成功飞抵伦敦上空。顿时，整个城市响彻了空袭警报，灯火管制使街区陷入一片黑暗。探照灯光束像一把把锋利的宝剑在空中扫来扫去，为地面防空部队和战斗机搜寻目标。各种飞机时而俯冲，时而拉升，一股股冲天烟火随之而起，一架架飞机拖着浓浓的黑烟栽向大地，整个伦敦街区正承受着一场空前的大劫难。

　　德国空军的夜袭使英国防空陷入了很大的被动，截至1941年2月，德军共出动飞机24000多架次，被击落156架。伦敦遭受惨重损失，附近其他城市也受到了不同程度的破坏，其中最为严重的是航空工业中心考文垂，德军向那里投了16000多吨炸弹，整个城市几乎被毁，12家飞机零件工厂遭到严重毁坏。

　　英国空军面对这种被动局面想出了各种办法：一方面，他们用飞机装载探照灯配合地面探照灯部队为战斗机照明，并在德机来袭方向大量施放阻拦气球；另一方面，以无线电干扰德国空军的夜间导航设备，破坏其投弹命中率。他们还及时研制出了炮瞄雷达、战斗机夜航设备和机载雷达系统等一批全新武器装备。所有这些措施有效地遏制了德国空军的猖獗进犯，从而减少了伦敦的损失。黑沉沉的夜幕成为德军轰炸机大发淫威的帮凶。一到夜晚，德军轰炸机就飞抵伦敦和英国其他城市上空。德军飞机在夜空中大摇大摆，肆意横行。前面的轰炸机将燃烧弹投向目标区，后面的轰炸机便循着烈焰投下各种杀伤弹。

　　在伦敦码头，在拥挤的贫民窟，在食品店，到处都是猛烈的炸弹爆炸声。

燃烧弹使伦敦大街小巷变成了一片残垣断壁，玻璃碎片比比皆是。德军不久前在华沙和鹿特丹制造的恐怖，复制在伦敦市民面前。夜间轰炸给伦敦市民带来了一种特有的恐怖感，人们难以忍受在防空洞内度过空袭的夜晚，德国空军的夜袭使英国城市陷入了一片恐慌。

10月12日，希特勒签署一项密令："我已经决定，从现在起直到明年春天，'海狮'计划的准备工作继续进行，这只是为了保持对英国的政治和军事压力。如果1941年春天或初夏重新考虑进攻，重新进行作战准备的命令，以后将会发布。"

10月16日，德军轰炸机编队轰炸了福思湾内罗赛斯的英国皇家舰队基地。"胡德号"战列舰正在进入船坞，但根据禁令是不准攻击的。德军轰炸机编队只好攻击"爱丁堡号"和"南安普敦号"巡洋舰，使二舰受了轻伤。

10月17日，德军4架"容克-88"轰炸机空袭了英国海军的大型锚地斯卡帕弗洛，炸沉了训练供应战列舰"铁公爵号"。

10月20日，丘吉尔就空军准备及编组问题致电空军大臣及空军参谋长：

根据当前的政策，从现在起到明年四五月份，轰炸机队的实力非但不扩大，反而要减少，我不得不为此忧虑重重。很明显，应该尽一切努力增加这个时候的投弹能力。当下，为轰炸所做的安排，在月光期间应该是最稳妥的，唯一的困难是我们的轰炸机少而可炸的军事目标又多。我们的轰炸机队有限，除了准确地轰炸深入德国内地的军事目标外，决不可用于其他目的。可否组织一支二线轰炸机队，让其特别是在月光暗淡的时候从安全的高空向最近的德国大片建筑物集中的地区（军事目标多）投掷炸弹？当然，这显然是指鲁尔地区。关键是要找出易于辨识的目标，航程要短，还要安全。

二线轰炸机队或辅助轰炸机队，在即将来临的冬季几个月如何编组？航校的航空人员是否可以出动一下？除敌人入侵外，陆军眼下不会有什么战斗，因此"莱桑德"式飞机或侦察机的驾驶员中难道没有人可以执行这种简单的轰炸吗？

为此，我要求你们，全力以赴，用我所建议二线轰炸机队，在允许不必特别准确地投弹的情况下，向德国投掷大量的炸弹。

请你向我提出最稳妥的建议，然后，我们再研究是否可行。

我们的轰炸机装有盲目着陆设备的很少，为什么会这样？飞机生产大臣告诉我，现已制成许多罗兰兹射束装置。上星期发生的那种惨重的损失决不能重演。不仅轰炸机需要盲目着陆设备，战斗机如果在夜间出动的话，也应装上能够安全着陆的装置。请将你们的意见及时送我。

◎ 地下室演说

10 月 21 日，丘吉尔在伦敦通过无线电广播用法语对法国人民发表演说。这次演说是在伦敦空袭的爆炸声中从地下室播送出去的。演说不仅深深打动了成千上万的法国人的心，也极大地鼓舞了英国人战胜法西斯德国的信心，演说全文如下。

伟大的法国人民！

三十多年以来，我一直和你们在和平战争中并肩前行，如今我依然沿着这条道路向前走。今夜，不管你们在什么地方，也不管你们的遭遇如何，我就像在你们家中一样和你们谈话。我经常诵读刻在金路易（笔者注：法国大革命前的一种金币）上的那句祷文："愿上帝保佑法兰西！"

我们尽管正处于德国人的猛烈炮火之下，但是从来没有忘记把我们同法国团结在一起的千丝万缕的关系。当下，我们正在不屈不挠、精神百倍地为了欧洲的自由及公平对待各国普通人民的事业而做着艰苦的努力。正是为了这一目标，我们曾和你们一起，拿起武器，并肩战斗。

当善良的民众受到无耻邪恶之徒的袭击，惨遭蹂躏、陷入苦难的时候，应当愈发小心，千万不能搞内部矛盾。我们共同的敌人时时刻刻想尽一切办法制造这种矛盾。当然，我们之间也发生过许多事情，还是上了敌人的圈套。一旦这样的事情再次发生，我们务必尽力转祸为福，将其变为好事。

希特勒先生扬言，要将伦敦化为灰烬。他的飞机正在对伦敦进行狂轰滥炸，然而伦敦市民却等闲视之，没有一丝畏惧。我们的空军捍卫自己绰绰有余。我们枕戈待旦，随时准备迎接敌人宣传已久的入侵，就连海里的鱼也在等待。对我们来说，这仅仅是一个开始。现在是1940年，虽然我们曾时而遭受损失，但是我们仍然同以往一样，掌握着制海权。等到了1941年，制空权也会掌握在我们手里。

请你们记住这意味着什么。希特勒先生利用他的坦克和其他机械化武器以及第五纵队与卖国贼阴谋勾结，暂时征服了欧洲大多数最优秀的民族，而他那个小小的意大利帮凶则紧紧地跟在他的身边，垂涎欲滴地希望捞取一点好处，却弄得精疲力竭、疲惫不堪，另外还很胆小。这两个人都想分割法国，把法国当作一只鸡：这个分一条腿，那个分一只翅膀或者一块胸脯。不但法国将被这两个卑鄙的恶棍吞噬，就是阿尔萨斯－洛林也要再次遭受德国的奴役，尼斯、萨瓦和科西嘉，没错，就是拿破仑的科西嘉，会从法兰西的大好版图中被人抢去。

希特勒先生不仅是要抢夺他国人民的领土，或者把一块一块的领土纳入他的小小联邦。现在，我如实告诉你们，你们一定要相信：这个暴徒，这个因怨恨和失败而形成的穷凶极恶的怪物，决心要彻底消灭法兰西民族，要断送法兰西民族的生存和未来。这个人用尽狡猾和野蛮手段，妄图彻底消灭法国特有的文化，阻碍法兰西精神在全世界的传播。他的企图一旦得逞，整个欧洲将变为德国人的领土，受纳粹德国的欺压、掠夺和凌辱。请原谅我说得如此坦率，因为当前情况特殊不是转弯抹角说话的时候。

法国将来之所以受德国人的压迫，并不是因为法国打了败仗，而是因为它所有的一切遭到了毁灭，荡然无存。陆军、海军、空军、宗教、法律、语言、文化、制度、文学、历史以及传统，这一切都要在战胜国军队的暴力和警察无所不用其极的卑劣手段下不留一丝痕迹。

伟大的法国人民，现在还不晚，一定要尽快重振精神。请记住拿破仑在一次战役之前说过的话："这些普鲁士人今天如此吹嘘，可是他们以前在耶拿是三对一，在蒙米赖是六对一。"我从来没有相信过法兰西的灵魂已经死亡！我也决不相信位居世界最大国之一的地位已经永远消逝！

希特勒先生的这些阴谋和暴行，将为他和他的每一个党羽带来报应，我们当中许多人能活下来亲眼看到他们的报应。事情尚未了结，但为期已经不远。我们正在跟踪追击，我们在大西洋对岸的朋友和你们在大西洋对岸的朋友也在跟踪追击。如果他不能毁灭我们，我们就一定要毁灭他及其帮凶，消灭他们所干的一切事情。因此，一定要有信心和希望，因为一切都会好起来的。

在当前这个艰难痛苦的时刻，我们英国人对你们有什么要求呢？我们现在正在从事战争，以便赢得我们共享的胜利，因此，我们要求你们：如果你们不能在战争中帮助我们，至少要做到不与我们为难。不久的将来，你们会给这只为你们打击敌人的铁拳增加力量，你们也应该这样做。然而，即便现在，我们也相信，法国人无论在什么地方，一听到我们在空中或海上，或不久在陆地上打了胜仗，你们的心一定会感到温暖，感到热血沸腾，感到骄傲。

请你们记住，我们将永不停止，永不疲倦，永不让步，我们全国人民已立誓要负起这一艰巨的任务：扫清欧洲的纳粹毒害，把世界从黑暗中拯救出来。不要以为我们英国人会像德国控制的无线电台所说的那样，目的是得到你们的船只和殖民地。跟你们说吧，我们想夺取的是希特勒和希特勒主义的生命和灵魂。仅此而已，别无其他，不达目的誓不罢休。

我们不觊觎任何国家的任何东西，我们希望的，只是对我们的尊重。在法国殖民地和在所谓的法国非占领区的法国人，随时有机会进行有用的活动。这一点我就不详细讲了。敌人正在收听。对于那些处于德国人的严刑峻法、压迫和监视之下的许多人，我们的心完全同他们在一起，我非常愿意对这些居住在沦陷区的法国人说，当你们思考未来的时候，一定要想到伟大的法国人甘必大在1870年以后谈到法国的未来和归趋时所说的那句话："要常常想到这件事，但口里不要说出来。"

晚安！为明天养精蓄锐吧！曙光即将来临，晨曦将灿烂地照耀着英勇、忠实的人们，温暖沐浴着为正义而受苦受难的人，壮丽地抚慰着长眠的英灵。

法兰西万岁!

世界各国的普通人民正向着他们公正和真实的传统,向着更广阔、充实的时代大步前进!

◎ 空袭下的坚强

11月2日，丘吉尔致电海军大臣亚历山大及第一海务大臣庞德："自从法国背盟以后，我们就认为千万不可让'让·巴尔号'和'黎塞留号'落入敌人之手或者驶进可以继续完工的港口。为此，你们曾袭击'黎塞留号'，并且说已经在很大的程度上使该舰失去了战斗力。'让·巴尔号'尚未竣工。这两艘战舰都不适宜于在它们现在所停泊的大西洋中的非洲港口作战。我们既定的政策是决不容许这两艘战舰落入恶人之手。据悉，第一海务大臣对阻止'让·巴尔号'驶还土伦之议不以为然，并且还说可以让该舰平安开过，这使我不胜诧异。我们始终认为土伦是敌人控制的港口。正是由于这一原因，我们才竭尽全力阻止'斯特拉斯堡号'抵达土伦。我认为，'让·巴尔号'驶还土伦的主张同阻止'斯特拉斯堡号'逃逸的行动是无法调和的。海军部应负责阻止这两艘战舰中的任何一艘开往大西洋或地中海的法国港口，进而开往土伦进行修理完工，然后，准备随时献给德国，或者被德国夺取。"

与此同时，丘吉尔还给外交大臣哈利法克斯发去一封电报，向其作出指示："我不知道'让·巴尔号'是否马上就要开动？我已通知海军部负责阻止该舰开进地中海。因此，这一点看来十分重要，即：你应向维希提出明白的警告，如果企图把该舰开往大西洋德国人控制的港口，或者开往地中海随时可以陷入敌人之手的港口，该舰将受到拦截，并在必要时予以击沉。我在伦敦的私人办公室将给你送来我给海军大臣和第一海务大臣的备忘录副本。"

11月5日，丘吉尔向全国人民发表广播演说："在我国面临如此危险的入侵时，仍未停止向驻埃及远征军的支援。在海运能力受到极大损失的情况下，我们向埃及输送了大量军队，而且还在本土部队中抽调大量武器运往埃及。"

11月14日，英国军情局通过"超级机密"（笔者注：军情局发自布莱奇雷庄园的情报代号）截获了德国将要轰炸考文垂的"月光奏鸣曲"行动的情报。然而，英国人面临着两难的选择，一是派英国飞机保卫考文垂，英国有足够的时间集中足够的高射炮；二是牺牲一座重要的工业城市，来保住"超级机密"。面对艰难的抉择，只有丘吉尔有权作出最终决定。丘吉尔经过反复权衡，认识到"超级机密"的安全比一个城市更加重要，因为"超级机密"在未来的战役中具有决定性的意义。

14日夜晚，德军449架轰炸机向英国最大的军工生产中心、百年古城考文垂投下了500吨烈性炸弹和燃烧弹，这座不幸的城市顿时变成了一片火海。浓烟烈火彻夜不熄，5万多幢建筑物被毁，居民流离失所，整个城市几乎从地球上消失了。接下来，伯明翰、南安普敦、布里斯托尔、普利茅斯和利物浦等城市也遭到了与考文垂同样的命运。于是，戈林发明了一个骇人的名词——考文垂化。

11月19日到22日，德军连续三夜大规模空袭伯明翰市，给该市造成了毁灭性的破坏和2800多人的死亡。

11月23日，丘吉尔来到伯明翰市慰问。一个女工跑了过来，把一盒雪茄烟扔到汽车里。丘吉尔立即叫司机停车，这个女工笑道："我这周工作成绩最好，得了奖金。听说您要来，买了这盒烟，我们都知道您烟瘾很大。"

丘吉尔听了这位女工的话，大受鼓舞，高兴地亲吻了她。

在英国最危急的关键时刻，丘吉尔带领大家走上了崎岖的抗战道路，这是英国人必须选择的道路，也是英国人的宿命。

英国人的精神面貌开始振奋起来，这种突然改变的精神面貌，使好战精神迅速化成了有意识的行动，而这种精神是英国人的天性。此时，英国人对丘吉尔的态度似乎也突然变好了，以前他们不喜欢主张扩军备战的丘吉尔。如今，这种态度的变化是他们对丘吉尔长期以来的潜在感情的突然爆发。

在英德空军的夜战中，英国皇家空军诞生了一名王牌飞行员，他的名字叫约翰·肯宁汉，有"猫眼"之称。约翰·肯宁汉，1917年生于伦敦郊区的南克罗伊登。1935年，他参加了英国辅助空军，在第六〇四中队学习飞行。1938年，他成为德·哈维兰公司试飞员。二战爆发后，肯宁汉返回第六〇四中队。10月，第六〇四中队"布伦海姆"战斗机中队改为夜间作战部队。由于没有机载雷达，再加上飞机性能太差，1架德机都没有打下来。1940年9月，第六〇四中队全都换成"英俊战士"双发（发动机）战斗机。11月20日夜，肯宁汉击落了1架德军"容克-88"轰炸机。12月，又击落德军1架"容克-88"和1架"亨克尔-111"。1941年1月，肯宁汉被授予优异飞行十字勋章。当时，机载雷达是秘密装备，肯宁汉被认为具有夜视能力，于是人们称他为"猫眼"。4月，肯宁汉在一天夜里击落了德军3架"亨克尔-111"轰炸机。5月31日，他又击落1架"亨克尔-111"。8月，肯宁汉担任第六〇四中队队长。1942年7月，肯宁汉击落第16架德机。1943年1月，肯宁汉担任"蚊"式双发战斗机第八十五中队队长，夜间驾驶高速"蚊"式战斗机攻击德机。1943年3月，肯宁汉共击落20架德机。战后，肯宁汉又回到德·哈维兰公司当试飞员，他在"彗星"喷气客机试飞中表演了高超的驾驶技术，名动天下。

12月29日，德国空军对伦敦发动了一次最猛烈最成功的袭击。德军轰炸机这次集中袭击的目标是伦敦市中心。在这个首都古老的心脏地区，有许多古代教堂，还有英国银行等著名景点。德军244架轰炸机投下了雨点般的燃烧弹，木质结构的屋顶顿时烈火熊熊，熊熊燃烧的残梁断柱东倒西歪地躺在那些狭窄弯曲的街道上。救火车很快开过来了，但是火势太猛，要扑灭它需要大量的水。而当年秋季干旱少雨，泰晤士河水位太低，救火车很快就抽干了岸边的河水，流出来的只是一些稀稀拉拉的泥汤。成百幢易遭破坏的建筑和教堂被化为灰烬，在市中心所有的礼拜堂中，只有圣保罗教堂较为完整地保存了下来。

◎ 空袭，不为入侵

12 月 30 日，丘吉尔召开内阁紧急会议。他在会议上气冲冲地喊道："这种事情决不能重演！"对于首都最受人喜欢的地区被毁，同样也使英国人民怒火满腔。一位妇女在日记中写道："这太可怕了，只是由于人们对明摆在眼前的危险疏忽大意，就造成了上千万英镑的重大损失，使成百上千名勇敢的人们去冒险，直至牺牲……难道我们是一个白痴的国度吗？"

1941 年 2 月 6 日，希特勒签发第 23 号作战指令，命令德军集中海上和空中力量袭击英国的军备工业，切断英军补给线，以期彻底摧毁英国人的抵抗精神。

元首兼国防军最高司令 元首大本营 柏林

国防军统帅部／国防军指挥参谋部／国防处一组（作战组）1941 年2 月 6 日

1941 年第 44095 号绝密文件

仅传达到军官

第 23 号指令

一、对英作战效果。

1. 与之前的看法相反,因为海上和空中战争给敌人的商船造成了重大损失,对英国国防经济的斗争已取得了很好的成效;因为炸毁了敌之港口设施和大量库存物资,加上舰船的减少使用,使得这种成效进一步扩大。

今年有望通过使用更多潜艇来进一步扩大战果,这样很有可能导致在不久的将来英国失去抵抗的能力。

2. 空袭英国军备工业所的效果,不容易估计。不过可以肯定,因为敌方大量工厂被炸毁,其军备工业组织陷入一片混乱,所以其生产能力必定会大幅下降。

3. 当前至少从表面上可以看出对英国人民的士气和抵抗力所产生的影响。

二、对我方作战的判断。

今后几个月,通过使用更多潜艇和水面舰艇,预计对敌商船攻击的效果将进一步扩大。与此相反,空袭的规模不能保持下去,因为其他战场的任务将使我们不得不从用于对不列颠群岛作战的部队中抽调越来越多的空军部队。

鉴于此,将来务必更加集中地发动空袭,且应摧毁的重点是那些对海上战争有影响的目标。唯其如此，才有希望在不久的将来取得决定性影响的战果。

三、接下来对英国本土作战的目标是，集中使用海上战争和空中战争的所有手段切断其补给线，打击英国航空军备工业，对其造成的损失越大越好。

为此，必须做到以下几点：

1. 炸毁最重要的英国进口港，尤其是港口设施和停泊或正在建造的船只；

2. 用各种手段阻止敌船只来往，尤其是船只的驶入；

3. 有计划地摧毁敌航空军备工业包括高射炮制造工业基地，以及生产火药和炸药的重要基地。

假如空军的强大部队和海军少量部队被派往其他战场，那么留下来同英国作战的兵力也要继续执行上述任务。

四、需要注意的事项。

1. 击沉敌商船比击沉战舰更为重要。关于航空鱼雷的使用，亦如此。敌船只的减少，不仅有利于加强对战争起决定性作用的海上封锁，同时也能增大敌人在欧洲或非洲作战的困难。

2. 倘若攻击敌港口城市或航空军备工业可以获得明显良好的效果，则应不断反复发动这种攻击。

3. 通过持续不断地布雷，加大敌人的恐惧感及损失。

4. 倘若飞机航程允许，在炸毁敌大型进口港后，务必阻止其将物资转运至较小的港口。

5. 倘若由于天气情况和其他作战条件攻击不了第三条所列举的目标，则应攻击敌军备工业系统的其他工厂和在国防经济方面具有特殊意义的城市以及敌内地仓库、交通设施。

不要指望按计划对敌居住区实施的恐怖空袭和对沿海防御设施实施的空袭取得决定性作用的战果。

五、在为"巴巴罗萨"行动变更部署前，应不断扩大空中和海上的战果。这不仅是为了给英国造成尽可能大的损失，更是为了制造在今年进攻不列颠群岛的假象。

六、为了进行海军和空军协同作战，务必要协调海上侦察。有关这方面的规定，将另行下达命令。

七、1939 年 11 月 29 日的第 9 号指令、1940 年 5 月 26 日对第 9 号指令的补充规定和 1940 年 8 月 1 日的第 17 号指令，均已失效。

（签字）阿道夫·希特勒

2 月 9 日，丘吉尔发表广播讲话。他在讲话中向英国人民发出警告："希特勒先生又在计划入侵英国了，他计划用最短的时间占领英国本土。"

丘吉尔警告说，与去年秋季的进攻相比，"目前的这次入侵将有更精良的登陆装备和其他设施作后盾。为此，我们必须做好一切准备，用我们熟练的本领对付毒气进攻、伞兵进攻和滑翔机进攻……为了赢得这场战争，希特勒必然会动用一切手段摧毁我国，每一位大不列颠公民都要充分认识到这一点，万万不可松懈斗志！"

2 月，德国空军总司令戈林带领一大批随行人员抵达巴黎，目的是与他的空军将领们讨论今后对英国的空战方案。戈林在法国外交部钟表大厅内举行会议。他像往常一样，认为德国空军没有取得完全成功，并且用极为激烈的言词训斥了空军两个军团的指挥官和士兵。

凯塞林和斯比埃尔怀着对戈林应有的尊敬，试图反驳这些指责，力图使戈林相信战斗之激烈以及交给他们军团的任务之艰巨。然而，戈林对他们的申辩丝毫听不进去。火气平息之后，戈林和他的将领们一起制订了新的轰炸计划。

3月中旬，德军连续两个晚上发动夜袭，克莱德班克市被炸成废墟，12000幢房屋只有7幢幸免于难，灾民只能逃到沼泽地。布里斯托尔、加的夫、朴茨茅斯和南安普敦等地均遭到毁灭性的轰炸。普利茅斯的许多建筑物不止一次被炸过，瓦砾和尸体随处可见。

3月19日，伦敦再次遭受大规模空袭，有几千人丧生。赫尔、纽卡斯尔、贝尔法斯特和利物浦、诺丁汉也遭受了大规模空袭。德比没有受到轰炸，英国人用电波干扰加上欺骗德机的火堆使德机把炸药和燃烧弹扔在了贝尔瓦谷。

4月下旬，当德国空军的空袭再次掀起高潮时，英国人关于"大举入侵即将开始"的怀疑似乎得到了证实。欧洲大陆传来了坏消息，南斯拉夫被德国吞并了，希腊也被吞并了。丘吉尔对人们说，这是德国在为入侵英国进行演习。伦敦、考文垂、布里斯托尔、贝尔法斯特、朴茨茅斯和普利茅斯两次遭受空袭。每次扔下的炸弹都比以前多，大量房屋被夷为平地，许多人死伤。

◎ 最后的疯狂

　　4 月 28 日，德国副元首赫斯的朋友阿尔布雷希特在瑞士日内瓦与国际红十字会副主席布尔克哈特取得联系。布尔克哈特同意做德国与英国和平谈判的调停人，表示这件事需要耐心。然而，赫斯等不及了。这件事是请示过希特勒的，由于要经过瑞士和西班牙，明显会耽误时间，而且议和的希望也很渺茫。鉴于此，赫斯打定主意，想通过引起轰动的行动影响英国人。根据他的想法，要议和需先解开引起灾难的疙瘩。

　　5 月初，德国空军总部下达秘密命令，指示一直在空袭英国的德军轰炸机和战斗机主力部队转移到捷克斯洛伐克和波兰，为全面进攻苏联的"巴巴罗萨"行动做好准备。"巴巴罗萨"是全面进攻苏联的行动代号。然而，就在德国空军的飞行员打点行装、离开法国和北欧国家之前，他们又接到了对英国发动最后一次大规模空袭的命令。

　　德国人把伦敦划分为三个轰炸区：在约翰内斯，芬克上校领导的轰炸机第二师从法国北部康布雷附近的机场起飞，飞往伦敦东部；施塔尔上校的轰炸机第五十三师从里尔区出发进攻伦敦的中部；约希姆手下的轰炸机第四师在荷兰的乌得勒支附近的索伊斯特堡集合，然后飞往伦敦南部和西部。除了进攻某些战术战略目标外，他们还奉命摧毁英国首都历史悠久的中心地区。参加这次进攻的有一个 25 岁的奥地利中尉冯·西伯，他给自己选定了一个目标——白金汉宫。最初白金汉宫不在攻击范围内，后来他得到通知，这座宫殿已不在轰炸范围之外了，他完全可以全力对它实施攻击，第一个击中它的人将荣获骑士十字勋章，而且戈林将亲自为其佩戴。

5 月 10 日上午，德国外交部长里宾特洛甫在他的办公室以阴险的口气对他的助手说，元首已同意德国空军在撤回东部前对英国进行最后一次轰炸，他说："这是最后一次轰炸，将是这次战争中最猛烈的一次。飞行员们只有一个目标，"里宾特洛甫容光焕发，灰暗的眼睛露出一丝凶光，歇斯底里地喊道，"伦敦！伦敦！伦敦！"

下午，英国皇家空军指挥部、各高射炮兵部队、城市救援和消防系统等都接到了德军将进行大规模空袭的情报。在伦敦的消防局总部，副局长杰克逊接到这个消息后感到会有不同寻常的事情发生。杰克逊按下对讲机的一个按钮说："所有的水泵今晚全部进入伦敦，并且要再加 1000 部。全体人员守候在旁边，不许请假，有紧急情况。"

与此同时，在皇家空军各战斗机基地，飞机已加满油、装满弹，地勤人员做好了各项技术检查，飞行员们高度警惕地等候在休息室。伦敦的所有高炮阵地上，数量充足的炮弹被擦得锃亮，黑洞洞的炮口直指天空。

22 时 15 分，在本特利修道院皇家空军歼击航空兵司令部里，司令官道丁的助手怀特说，已发出了预备警报，敌机正向我们飞来。道丁果断命令：夜航战斗机全部起飞。

23 时，空袭警报响彻伦敦上空。

23 时 30 分，第二次世界大战中德军最后一次对伦敦的大规模轰炸开始了。德军 507 架轰炸机向伦敦扔下了 708 吨炸弹，全是致命的燃烧弹、烈性炸弹和降落伞雷。伦敦防空部队以大面积火力阻击网迎头痛击来犯之敌。一位亲临其境的德军飞行员说："现在你在伦敦上面飞时都用不着戴手套，他们的高射炮就能让你的手感到暖和。"

转眼间，英国皇家空军的夜航战斗机就击落了 7 架德军飞机。这 7 架飞机中的 1 架，正是 25 岁的奥地利中尉冯·西伯驾驶的，他永远也无法实现炸毁白金汉宫的美梦了，他本人也在跳伞着陆后做了英国人的俘虏。

英军密集的防空炮火迫使德军轰炸机飞得很高，这样它们就无法瞄准攻击目标。这也无妨，德国人可以把炸弹随便扔在这座城市的任何地方，何况这一次德军轰炸的不仅是伦敦东区和市中心区，他们几乎在这个城市的每个区域扔下了燃烧弹，冲天大火到处燃烧。消防局副局长杰克逊的猜测是正确的，他召来的所有救火车和消防人员加起来都对付不了这场大火，就算是有更多的人和消防车也没有足够的水。

伦敦消防局的一位分区长官布莱克斯通回忆说："炸弹开始落下来了，很多很多，比以往看到的要厉害。起初是消防队员和救火车不够用，后来虽然来了很多的消防队员和救火车，但是没有水。我们用了很长时间才将火势控制住，因此造成了很大的损失。"

布莱克斯通驱车前往泰晤士河，这时他看到大火已蔓延到了纽文顿堤道和纽文顿巴茨以及新肯特路。突然，1颗烈性炸弹落到了1辆救火车上，车被炸毁，5名队员被炸死。5名队员躺在血泊中，尸体一半在水槽里，一半在救火车上。一串炸弹落在了斯珀吉翁礼拜堂附近，在一群消防队员中爆炸。布莱克斯通回忆当时他所见到的情景时说："顿时，在我的眼里，似乎到处都是身着蓝制服、脚穿防火靴的人。我们把死去的和受伤的人分开，结果发现又有5人丧生，而那些受了伤还活着的人急需救护车。救火队员没有无线电设备，我们只好打电话求援。我们试遍了所有的电话亭以及周围建筑中的每一部电话，没有一条线路是通的。大家感到与外界隔离了，我们处在一个没有通信的伟大城市的中心。最后，只好派1个骑兵通信员送信给总部，请求派救护车来。"

伦敦的许多建筑物在燃烧，整个夜空被大火照得如同白昼。报告说，当天晚上发生了2200次火灾，其中7处最大的火灾每处都烧掉了方圆4000平方米的许多建筑。火势最大时，伦敦大约有280万平方米的地方在同时燃烧。

此刻，伦敦成了一座火城。

国会大厦、威斯敏斯特修道院、英国博物馆均遭到了轰炸。一共有7颗烈性炸弹炸开了国会下院，楼上的走廊被炸塌，评论员们坐的绿色皮面长凳和发言人坐的椅子全部被烧毁。一颗炸弹击中了议院塔上的钟楼，大本钟被烧黑，上面有许多斑痕。幸运的是，这座古老的大钟主体结构没有被破坏，著名的钟声一下都没有漏掉。

在威斯敏斯特修道院，建筑中心的屋顶被燃烧弹烧着了，屋顶砸在唱诗台和礼拜堂上。威斯敏斯特大厅著名的橡木屋顶被炸弹炸穿，曾经培养出琼森、德赖登、雷恩、本瑟姆和索锡的威斯敏斯特公学院也遭到了严重破坏。

英国中世纪杰出的建筑样板——威斯敏斯特主教宅邸也被炸毁。伦敦市中心区的所有教堂不是受到严重破坏就是被彻底毁掉。在河滨马路，伦敦最古老、最受人喜欢的一个教堂——圣克莱门特·戴恩斯教堂只剩下一片冒着细烟的废墟。

当地的一位妇女在日记中写道："刚听说威斯敏斯特大厅昨晚被炸，还有修道院和国会大厦。他们把屋顶救出来一部分，但有一部分已经烧掉。修道院的天窗被毁。他们原以为大本钟也倒了。对这些灾难我说不出话来，我想我们一定是犯了什么严重的罪过才要我们做出这样的牺牲……肯定还会有破坏，听到敌人的珍贵东西也像这样被化为废墟我也不会得到什么满足，我不希望这样。"

另一位妇女写道："我记得我的朋友玛丽跟我说，当她第一次被炸出她的房间，失去了所有的衣服和财产时的心情——这是她第三次被炸出来了，她对自己的东西完全不在乎了。灾难超出了一定的限度也就无所谓了，上帝会为被剃掉羊毛的羊羔抵挡寒风，不幸也有好处。"

一个名叫克林·彼瑞的18岁男孩，与家人一起住在度丁，他在日记中这样写道："两颗燃烧弹落到我们附近的路面上，但是警卫人员很快将小团火扑灭了。炸弹飞向每个角落，炸起的碎片四处横飞。午夜时分，我们都进屋了，没有脱衣，更难以入眠。当我躺下开始艰难地入睡时，忽然听到数以百计的飞机的吼叫声，三四颗炸弹顷刻间落到我们附近，爆炸声震耳欲聋，仿佛鞭炮一般，喷出的火花发出嘶嘶的声响——这就是希特勒的大袭击。我意识到我今天下午已经看到的、现在还能听得到的收音机是人类历史上最大的空战的组成部分。我喜欢炸弹的咆哮声，它虽然单调乏味，缺少韵律，但它至少给了我们一个警报。那些隐蔽处外面的人们是怎样去寻找庇护所的呢？只有一句话能够形容：疯狂而无目的地奔逃。他们的尖叫声只有鬼魂幽灵才能叫出来。"

英国博物馆的绝大多数珍藏已被转移，但是燃烧弹烧坏了图书收藏室，博物馆的埃及展厅几乎全部被毁。5家医院被破坏，被破坏最严重的一家已经完全成了一片废墟。

有一个地铁站被火包围了，有人决定撤离那个地铁站，于是下面的人（绝大多数是妇女和儿童）跟跟跄跄地向起火的地区跑去。母亲或祖母或抱着孩子，或拖着跟在身后尖叫着的儿童。大火的灼热令他们发出惊恐的喊叫。

在这次空袭中，有1436名伦敦市民丧生，大约有1800人受重伤。在幸存者看来，这几乎已超过了他们的承受能力。之后许多天里，很多伦敦市民走路时仍是一副半梦半醒的茫然模样，他们总是在担心发生新的磨难。美国《芝加哥论坛报》驻伦敦的记者拉里·鲁说："我第一次开始感到担心，我开始认识到5月10日的空袭给伦敦市民的生活造成了多么深刻的震动和打击。"

◎ 希特勒没能如愿

在以后的几周内，伦敦没有遭受新的轰炸。丘吉尔和他的内阁成员通过军情局已经知道德军不再进行大规模空袭，但是他们没有向外公布，所以伦敦市民们仍然整日生活在惶惶不安之中。

一天深夜，1架德军战斗机飞到苏格兰的格拉斯哥上空。23点09分，战斗机飞行员跳伞降落在英国汉密尔顿公爵庄园南边的弗洛尔农场。飞机坠毁的轰炸声惊醒了人们。农场总管把飞行员带到农场。飞行员在路上用英语说："我是德国人，我是霍恩上尉，来执行特殊使命，向汉密尔顿公爵提供重要情况。"与以前见过的被俘德军飞行员不同，这个人快50岁了。身穿用最考究的面料制成的德国空军制服，脚蹬带有衬里的长统靴，左手腕戴着金表，右手腕戴着金链。农场总管认为，这个人应该不是飞行员，可能是个大官。

5月11日凌晨2时，这名叫"霍恩"的德军飞行员被带到马里希尔兵营。有人马上认出此人是鲁道夫·赫斯，是希特勒的接班人、德国副元首。

5 月 11 日上午，赫斯与汉密尔顿公爵相见，说自己在执行人道使命，还说希特勒并不想征服英国，想停止这种不必要的流血，建议德英双方讨论和平方案，并转达了希特勒的和平条件。赫斯想让汉密尔顿公爵引见乔治六世国王，推翻英国战时内阁，由希望和平的政党取代。赫斯坚持不与丘吉尔政府打交道，他认为丘吉尔是个好战分子。英国方面自然拒绝了赫斯的建议。

5 月 13 日，丘吉尔下达三点指示：把赫斯视为战俘，交陆军部监管；严格隔离，允许与家人通信；生活上照顾。被押送到伦敦塔的赫斯处于被软禁状态，对此他感到十分失望。

同一天，希特勒对萨尔茨堡的纳粹党官员们说："在最困难的军事行动的时刻，赫斯根据他自己的计划离开了我。连党的高级干部都离开了，我怎么能指望将军们服从这项命令？"

为摆脱赫斯使命的失败所带来的困窘，希特勒于当晚发布公报称："赫斯处于幻觉之中，这种幻觉使他感到能够促成德国和英国之间的谅解。"

5 月 14 日，英国皇家空军歼击航空兵司令部在林德赛基地组建了第 2 支鹰中队，即第一二一中队。一二一中队的主要成员是家境富裕的飞行员，由英国空军王牌飞行员担任队长。经过 2 个月的"飓风 I"战斗机飞行训练后，于 7 月 21 日开始"飓风 IIB"的飞行训练。

5 月 17 日，英国空军鹰中队第七十一中队奉命执行"大赦年指定行动"，在圣奥麦地区为轰炸机护航时，队长美国人皮特森击落 2 架德机，其他成员击落 3 架。"大赦年指定行动"是英国空军为解放法国而进行的试探性行动。对英国空军来说，这次试探的代价太大了，但鹰中队打败了德军机群。鹰中队在迪耶佩的轰炸护航任务中，击落德机 9 架，击伤 4 架。

5月22日，不列颠空战终于拉上了帷幕。然而，担惊受怕的伦敦市民依然害怕遭到德军新一轮的空袭。很多人相信，这有可能是更为猛烈的"闪电战"的前兆。

6月2日，德军空降部队占领了地中海的克里特岛。英国人担心，德国人的下一个目标是英伦三岛。成千上万的伦敦居民依然在地铁里过夜。许多住在家里的人夜里总是睡不好觉，对没有空袭的日子他们感到有些莫名其妙。

不只是英国人，甚至连仍在对英作战的德军飞行员也认为，这将是海上登陆的先兆。当空军总司令戈林在巴黎召开军事会议时，对他的下属们说，空袭只是征服英国的开端，而进一步的进攻将变成猛烈的潜艇战。

尽管在这以后德国空军对英作战的重点转到大西洋，继续与海军配合袭击英国的海上运输线，但直到很长时间后，伦敦人才相信空袭终于结束了。

6月22日，德军突然大规模入侵苏联。消息传来，许多英国人为苏联人感到难过，但也有一些人听到这个消息后兴高采烈。伦敦《晚报新闻》的通栏大标题写道：现在轮到莫斯科了。伦敦人评论说："现在我们要看看他们怎么办。"对于多数英国人来说，并不是一种幸灾乐祸的心态，他们之所以兴高采烈是因为他们认为对英国的大规模轰炸结束了，德国从海上全面入侵英国的可能性几乎为零。

7月和8月间，不列颠仍未受到空袭。这个时候，英国民众才完全相信他们胜利了，他们争相转告，既骄傲又惊奇。丘吉尔用一句流芳百世的演说词，代表英国人民表达了对英国空军飞行员们的感激和敬佩之情："在人类战争领域，从来没有见过这么少的人，为这么多的人做出这么大的牺牲！"

的确如此，德国在和英国的对抗中非但没有占到丝毫上风，反而鼓舞了英国人本已低落的士气。这并不奇怪，英国海军的兵力本来是德国海军的数倍，而且在美国的帮助下，英国空军的力量也开始超过了德国。

8月1日，英国皇家空军歼击航空兵司令部组建了第3支鹰中队，即第一三三中队。第一三三中队移驻杜克斯福德基地。至此，三支鹰中队全部组建完成，他们一起参加海上护航任务。这三支鹰中队在组建时由英国空军的王牌飞行员领导，使鹰中队在英国空军作战中有了更好的起步。三个中队开始驾驶"飓风"式战斗机执行任务，后来先后换成性能优异的"喷火"式战斗机。

9月9日，英国飞机生产大臣比弗布鲁克与软禁在英国的德国副元首赫斯谈判。赫斯给希特勒的信中写道："我的元首，如果我失败了，那么此行也不会给你或德国带来任何不幸。你可以选择与我断交，就说我疯了。至于我的和平计划主要内容是：德国放弃对殖民地的要求，承认英国的全球霸主地位，英国承认中欧为德国的势力范围；英国不得从美国得到增援；德国将在法国陆军和海军解除武装后撤出法国；德国在波兰、丹麦、荷兰、比利时和塞尔维亚建立卫星国；实现和平两年后从挪威、罗马尼亚、保加利亚和希腊撤军，奥地利和捷克斯洛伐克仍将留在第三帝国；德国放弃东地中海和中东的势力，承认埃塞俄比亚和红海为英国势力范围。"

赫斯真心希望同英国和谈，因为战争使他失去了权力，他诅咒战争。战争期间，赫斯管理纳粹党，是一种很无聊的工作。赫斯感到很失望，并且嫉妒那些将领们。为了恢复地位和威望，赫斯决定单独跑到英国来议和。赫斯十分反感德国空军空袭伦敦。苏联方面认为，赫斯飞英后曾经与英国有过深入的谈判，商议由德国和英国联合进攻苏联，但计划破产了，赫斯飞英是英国诱骗的结果。这些绝密文件是由苏联间谍、英国人金·菲尔比提供的。当时，英国存在秘密的反丘吉尔派，他们想让赫斯来英国谈判。

◎ 打不垮的英国人

9月26日，英国空军鹰中队第一三三中队出动12架战斗机为轰炸莫雷克斯的轰炸机护航。天气多云，南风时速为35英里。飞行员们驾驶"喷火"式战斗机，想在博尔塞德附近与轰炸机会合，他们一升空就进入浓密的阴云，被剧烈的北风刮到遥远的南部，与地面人员失去了联系。燃料不多时，第一三三中队终于找到了轰炸机，准备护送它们返回基地。整个编队俯冲穿透云层时，突然在法国布列斯特上空遭到德军高射炮部队的攻击。第一三三中队有4架飞机坠毁，4名飞行员当场死亡。另外，有6名飞行员在飞机迫降时成为俘虏。1名飞行员身受重伤，但把受到重创的战斗机迫降到了英格兰机场。还有1名飞行员跳伞后，在法国共产党的帮助下逃回英国。

9月29日，英国空军3支鹰中队成员被直接编入美国陆军航空队第四战斗机大队。在接下来的两年战争中，第七十一中队被编入美国陆军航空队第三三四战斗机中队，第一二一中队被编入美国陆军航空队第三三五战斗机中队，第一三三中队被编入美国陆军航空队第三三六战斗机中队。鹰中队队员们向刚参战的美国陆军航空队飞行员们传授空战经验。许多鹰中队的飞行员一直战斗到二战结束。

10 月，英国皇家空军鹰中队第七十一中队在护航空战中熟练地操纵着"喷火"式战斗机，击毁的德机数量在英国所有战斗机部队中名列第一。随后，鹰中队又被派往法国上空驱逐德军战斗机，担负防空、为英军轰炸机护航、攻击德国陆军等重任。

英国强大的空军成为希特勒的心头之患，他曾对部下说："对英国作战只会把两个国家都变成焦土。即使最终攻占了英国，也必然使德军付出巨大的牺牲，那样的话在近 10 年内德国都无法发动大规模战争了。"希特勒认识到，德军即使登陆作战，成功地打垮了大不列颠，却无力瓜分全世界土崩瓦解的英国殖民地，这样德国人的鲜血只能为美国人和日本人换来渔翁之利，这是希特勒绝对不愿看到的。要知道，横扫欧洲的德国"钢铁之师"不可能永远地生龙活虎，在进行一次大规模的战争后将变成疲惫之师，希特勒不愿把他的最后一颗子弹用在英国人身上。

希特勒发动不列颠战役的目的是彻底征服英国，为征服整个欧洲扫除障碍，但他的目的没有实现，英国从此则成为欧洲抵抗运动和盟国反攻欧洲的基地，不列颠战役也成为德国在二战中首次失败的战役。

在不列颠空战期间，让英国人感到高兴的是，从 1940 年 12 月 9 日起，英军在北非连续打败了意大利军队，随后在东非也取得了胜利。关于在非洲殖民地打败"垃圾对手"意大利的这些胜利的重要性，英国人并没有估计过高。战胜德国的小伙伴，对决定二战的胜负起不到关键作用。他们知道，在非洲和欧洲，只要德国人没有参战，战斗就不是决定性的。虽然胜利的重要性不大，但在受到德国空军轰炸的危难时刻，能在任何地方打败敌人都不失为一件令人振奋的事。

英国人相信非洲远征军司令韦维尔将军的话，韦维尔用事实证明，德国人在波兰和法国使用的震惊世界的闪击战术，英国指挥官也会，尽管在非洲的规模小了许多。其实，韦维尔就是闪击战术的发起者之一，德国人正是从英国人那里学会的。虽然，韦维尔将军有机会运用"闪击战"的时间很短，但他的战绩使英国人颓废的精神面貌焕然一新，对二战后期的发展起到了深远的影响。

除了韦维尔外，欧内斯特·贝文也值得一提。丘吉尔让贝文主持工业生产，贝文对英国二战胜利所作的贡献，有人认为甚至超过了丘吉尔。丘吉尔在他政治生涯的这一阶段，抛弃了党派之争。同样，作为工党的代表之一贝文也加入丘吉尔内阁，象征着各个政党之间的分歧暂时搁置。贝文出身工人，献身于工人运动和工会工作，他获得了工人阶级的信任和拥护，同时赢得了反对党的尊敬。贝文作为丘吉尔政府的劳工与军役大臣，肩负着动员劳力这一重任。贝文的成就在于，他采用说服而不是强制的方法进行工作，尽管战时政府有权分配公民的财产和人力。他既能在一系列艰难的工业谈判中获胜，又能让人们相信他。

当然，二战期间对英国贡献最大的是丘吉尔。在不列颠空战开始后的决定性时刻，英国人为自身生存必须与占压倒优势的纳粹德国展开较量。丘吉尔说："军事专家们一致认为……有充分理由说明我们将会取得最终的胜利。"英国人毫不犹豫地相信了丘吉尔及其领导的内阁政府。

危难时刻，英国人选择了丘吉尔及其领导下的战时内阁，也正是有了这个打破政党分歧的战时内阁的领导，才迎来了不列颠战役的胜利，从而让英国得以保存下来。英国的决不妥协、誓死抵抗，最终把德军拖进了致命的持久战，并成为日后英美反攻欧洲大陆的跳板，使德军陷入了两线作战的困境。

不列颠战役堪称人类战争史上首次空战，向世人证明了战略性大规模空袭将直接影响战争的进程，可见制空权在现代战争中是多么重要，还证明了防空的战略意义。